KB266128

디지털로 구축한 『한담관화』와 현대어 번역

디지털로 구축한 『한담관화』와 현대어 번역

구현아·신수영·엄지

역락

머리말

　인간은 어휘를 통해 생각을 펼치고, 문화를 이루며, 외부 세계와 교류한다. 다양한 어휘를 통해 우리는 더 광범위한 세계와 소통할 수 있고, 좀 더 정교하고 세밀한 생각들을 전달할 수 있다. '유해류(類解類)'라고 불리는 조선시대 어휘집은 중국의 경전이나 『老乞大』, 『朴通事』와 같은 회화서로는 채울 수 없는 어휘에 대한 지식을 보충하기 위해 편찬된 학습서다. 중국어를 잘 구사하는 인력이 드물던 시절에는 완전한 문장보다는 어휘로 교류하는 일이 더 잦았을 것이며, '어휘'는 그 자체로 중국인과의 소통에 큰 힘을 지녔을 것이다. 따라서 유해류는 우리 조상들에게 있어 소통의 원활함을 잃지 않으면서도 광범위하고 깊이 있게 교류하도록 돕는 역할을 하였다.

　사역원에서 정부 주도로 17세기 편찬된 『譯語類解』를 필두로, 이를 보충한 『譯語類解補』와 같은 유해류가 편찬되었다. 그리고 19세기에 접어들면서 중국과의 무역, 이주, 독립운동 등을 이유로 중국어 학습서 편찬의 주체가 민간으로 이동하였다. 이때에도 유해류의 편찬은 계속되어, 『華語類抄』, 『漢語抄』, 『華語』, 『漢談官話』와 같은 문헌들이 나오게 되었다. 일제강점기에는 우리 자국민에 의한 수요뿐만 아니라, 중국으로 진출하려는 일본의 야욕까지 맞물려 일제에 의해 중국어 학습이 독려되면서 국내의 중국어 학습서 편찬은 최고조에 달했다. 이때 유해류는 독립적으로 편찬되지 않고 회화서 안에 흡수되었지만, 주제에 따라 분류하여 어휘를 나열하는 체제는 변함이 없었다. 이와 같이 우리 조상들의 어휘 학습에 대한 요구는 끊임없이 지속되었다.

『漢談官話』는 1902년경 편찬된 것으로 추정되는 작자 미상의 유해류 서적이다. 대개 天文으로 시작되는 다른 유해류와는 달리 인사·관직 관련 어휘(人事官職部)로 시작하고 있고, 儀禮, 朝廷, 宴會와 같은 관리 계층 관련 어휘가 생략되고 算數, 敬重, 罵辱, 學校 등과 같은 실생활 관련 어휘가 추가되었으며, '一字部', '不字部', '長語類'와 같이 일상생활에서 주로 쓰이는 구어체의 어휘나 문장을 실었다. 뜻풀이에 있어서도 사용자가 쉽게 이해할 수 있는 언문 대역어와 한자, 한문을 사용하였다. 주음에 있어서는 見組가 구개음화되지 않거나, 日母를 영성모로 발음하는 것과 같은 당시 東北方言의 특징이 나타나고, 端組를 당시 한국한자음의 구개음화에 따라 'ㅈ', 'ㅊ'으로 기록하고, 來母를 'ㄴ'으로 표기하는 등 예외적인 현상을 보인다. 이와 같은 『漢談官話』만의 특징은 민간인 편찬의 유해류 서적이란 사실에 기인한다. 민간 유해류는 字形, 部類, 뜻풀이, 주음 등 모든 측면에 있어 사역원의 정형화된 모습과는 매우 다른 양상을 보이며, 이들 중에는 적지 않은 오류도 존재한다. 오늘날같이 언제, 어디서든 손쉽게 정보를 얻을 수 있는 것과는 달리, 당시 각 분야별로 쓰이는 어휘를 조사, 수집, 정리하고 출판하기까지의 작업은 매우 고되었을 것이다. 조상들의 피땀 흘린 연구 보고서와 같은 이 문헌에는 높은 학습 수요를 보이는 분야, 그 분야의 어휘뿐만 아니라 편찬 과정 상의 한계가 모두 반영되어 있다.

비록 화려하고 빈틈없는 저작은 아니지만, 『漢談官話』의 한 페이지 한 페이지가 모여 20세기 초 우리나라와 중국의 일상, 그리고 이들의 교류사라는 역사의 커다란 그림을 재구성한다. 우리 연구팀은 이러한 보물과도 같은 유해류의 가치를 널리 알리고자 기존에 이루어지지 않은 유해류의 현대어 번역을 시작하였고, 또 대중에게 이 문헌을 알리고 국내외 학자의 교류를 진작시키고자 하는 더 큰 목적을 갖고 데이터베이스 구축을 병행하였다.(아시아 언어 DB(www.asialang.org) 참조) 데이터베이스 구축에 도움을 주신 주식회사 바이칼에이아이의 윤기현 대표님과 이중호님께 각별한 감사를 드린다.『漢談官話』라는 100여 년 전 어휘의 모음집이, 오늘날 많은 사람이 더 쉽고 재미있게 당시 언어생활을 파악하는데 기여할 수 있길 바란다.

2025년 1월

저자를 대표하여 구현아 씀

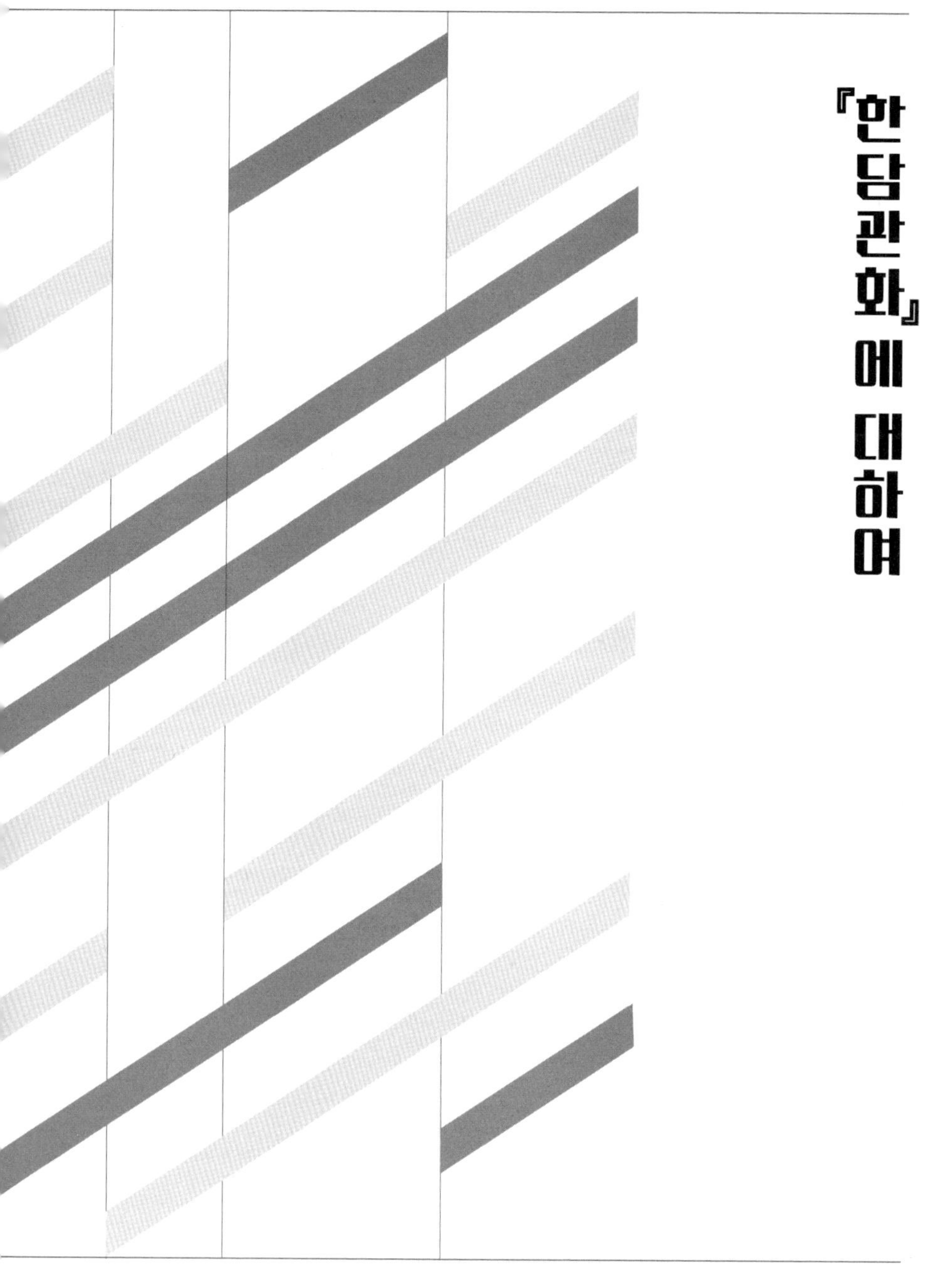

『한담관화』에 대하여

1. 조선시대 유해류의 편찬과 『漢談官話』

'유해류'라 불리는 분류어휘집은 중국어 어휘를 표제어로 삼아 이에 대응하는 한국어 번역을 나란히 배열한 대역(對譯) 어휘집이다. 조선 중기 실용적인 중국어를 학습하기 위해 『老乞大諺解』, 『老乞大新釋諺解』, 『五倫全備諺解』와 같은 일련의 중국어 회화서들이 편찬되었는데, 유해류는 회화서로 학습할 수 없는 더 다양한 어휘를 학습하기 위한 보완적 목적으로 편찬되었다.[1] 1690년 최초의 유해류 역학서인 『譯語類解』,[2] 이를 보궐하여 1775년 간행한 『譯語類解補』가 사역원에서 편찬된 대표적인 유해류 역학서이다. 이후 경제 교류, 무역, 독립운동, 개인적 선호 등 다양한 이유에서 중국어 학습이 이루어진 19세기부터는 민간인 저자에 의해 유해류 서적이 함께 쓰이기 시작했다.

---

1   정광(1998), 『司譯院 譯學書 冊板研究』, 서울: 고려대학교 출판부, pp.81-82 참조.

2   현존하는 『譯語類解』는 목판본 13종, 필사본 4종이 있으며, 이 중 필사본, 특히 국립중앙도서관 소장본은 『譯語類解』의 표제항에 이어서 『譯語類解補』의 표제항들을 제시하고, 표제항들끼리의 통합, 대표 표제항 변경, 표제항 교체, 새로운 표제어 추가 등이 나타난다. 연규동(1996), 「근대국어 어휘집」, 서울대학교 박사학위논문, p.9; 조정아(2020), 「국립중앙도서관 소장 필사본 『譯語類解』 연구」, 『어문론집』 81호, pp.131-150 참조. 본고에서는 규장각 소장 목판본 一簑古413.1-G418s를 기준으로 논의한다.

그 예로 『華語類抄』, 『漢語抄』, 『華語』, 『漢談官話』를 들 수 있다.[3] 이들은 모두 '천체', '날씨', '시간', '지리' 등 주제별로 어휘를 분류하고 중국어 어휘에 발음과 언해문 풀이를 가했다는 동일한 형식을 지닌다. 일제강점기에 발간된 중국어 학습서는 이와 유사한 체재를 유지하며 어휘 학습이 회화서 안에 포함되었다. 『華語精選』, 『支那語集成』의 앞부분에 실린 어휘 목록이나, 『支那語集成』의 附錄單語와 같은 부분이 이에 해당한다.[4] 이와 같이 유해류 서적은 우리 조상들이 좀 더 풍부하고 세밀한 중국어 표현을 학습하는데 기여해 왔다.

유해류 서적은 근현대 시기에 쓰인 중국어 어휘의 뜻, 용례, 발음 등의 정보를 담고 있어 한중(韓中) 어휘·음운 변천사 연구에 매우 중요한 가치를 지니고 있다. 또한 이를 기반으로 근대에서 현대에 이르는 중국어 및 한국어

---

3   이 책들은 모두 19세기 후반에 지어졌다고 추측되나, 정확한 연대를 고증하기는 어렵다. 『漢語抄』는 語頭 된소리의 표기에 주로 ㅅ계 합용병서를 사용하고 ㅅ의 된소리에 ㅆ과 ㅾ을 쓰고 있는 것 등으로 보아 18세기 중기 이후 편찬된 것으로 추측된다. 또한, 『華語』는 임오군란이 일어난 1882년경으로 추측되며, 『華語類抄』는 한어 표제어 관직명 '總理衙門'에 비추어볼 때 1861년 이후로 추측된다. 『漢談官話』는 『華語』의 체제와 비슷한 것으로 미루어보아 『華語』와 동시대에 편찬된 것으로 추측되며, 첫 페이지에 "壬寅之夏六月念九日重衣(임인년 여름 (음력) 6월 29일에 다시 옮겨 적었다.)"는 구절을 통해 1902년경에 지어진 것으로 보인다. 洪允杓(1993), 「『漢語抄』解題」, 『漢語抄』, 서울: 홍문각, pp.1-2; 김영(2015), 「조선후기 중국어 어휘집 『華語』에 대하여－『漢談官話』와의 비교를 중심으로」, 『中國學論集』 제46輯, pp.207-227; 김철준(2004), 『화어류초의 어휘 연구』, 서울: 역락 참조.

4   일제강점기 회화서 안의 어휘는 동일하게 주제를 기준으로 단어를 배열했으나, 역학서의 주제 분류와 유사한 점도 있고 차이점도 있다. 『華語精選』은 天文, 地理, 地輿, 詩令, 家族 등으로 나누었으며, 『支那語集成』은 數目, 數兩量, 季節, 時辰 등으로 나누었다. 『支那語集成』은 가나다 순으로 배열하기는 했으나, 그 안에서 자연, 지리, 호칭, 생활용품, 동식물 단어의 순으로 배열하기도 했다. 일제강점기 회화서에 등장한 어휘와 체제, 배열방식은 추후 논문에서 더 심도 있게 다루기로 한다.

어휘의 통시적 변화와 한·중·일 3개국의 한자 어휘 간 영향 관계를 파악하는 데도 도움이 될 수 있어 연구 확장성이 크다.

『漢談官話』는 저자 미상의 1권 1책의 필사본으로 전해지며, 18개의 부류(部類) 총 613개 어휘를 수록하고 있다. 한 면은 여덟 행으로 구성되어 있으며, 한 행에 일반적으로 하나의 단어 또는 어구를 기록했고, 일부 두 개 이상의 어휘를 기록한 것도 있다. 『漢談官話』에 대한 기존 연구는 체제, 어휘, 음운에 대한 분석 연구로 나뉜다. 먼저 체제에 대한 비교 연구로는 김영(2015)이 있는데, 여기서는 조선 후기 간행된 분류어휘집인 『華語』와 체제 및 어휘 배열에 대한 비교분석이 이루어졌다. 양초롱(2014)에서는 체제와 어휘 분류, 어휘 분석에 대한 연구가 이루어졌다. 음운 방면으로 유재원(2005)은 성모 분석을, 서미령(2018)은 『華語』와 역음을 비교 분석하였다.

『漢談官話』는 부(部)의 분류, 수록 어휘, 주음 특징 면에서 기존에 편찬된 유해류와는 다르다. 『漢談官話』의 성격을 정확히 조명하기 위해 본고는 기존 유해류 서적 중 『譯語類解』, 『華語類抄』와 체제, 어휘, 음운 측면에서 비교 분석하여 『漢談官話』의 성격을 살펴보고자 한다.

2. 『漢談官話』의 체제 및 어휘 분류 특징

『漢談官話』는 1902년 편찬된 것으로 추정되는 필사본 형태의 중국어와 한국어 대역의 분류어휘집이다. 서문이 따로 존재하지 않아 작자와 편찬 목적, 편찬 시기를 명확히 알 수 없으나 첫 페이지에 쓰여있는 다음과 같이 짧은 기록으로 대략적인 편찬 시기와 필사의 대상인 원본이 존재했음을 추측할 수 있다.

此是	이 책은
父主親筆不可輕寘也	부친께서 친필로 작성하신 것이라
	가벼이 둘 수 없어
壬寅之夏六月念九日重衣	임인년 여름 (음력) 6월 29일에 다시 옮겨 적었다.

　편찬 시기와 체제, 수록 내용을 종합적으로 고려해봤을 때, 사역원에서 편찬된 기존의 역학서와 달리『漢談官話』는 개인의 필요와 학습을 위해 편찬된 민간 역학서의 성격을 띠고 있다.『漢談官話』는 체재 측면에서 1690년 사역원에서 역관 김경준(金敬俊), 김지남(金指南), 신이행(愼以行) 등이 편찬한『譯語類解』의 기본 구성을 따르지만, 부의 분류와 내용에 있어서 상당한 차이를 보인다. 이는『譯語類解』의 구성을 그대로 따라 1886년 민간에서 편찬된 또 다른 유해류 서적인『華語類抄』와도 또 다른 양상을 보인다. 이 점에 주목하여 위 세 권의 어휘 분류와 구성을 [표 1]과 [표 2]로 정리하였다.

[표 1]『漢談官話』의 어휘 분류

『漢談官話』			
순서	部類	어휘 수(개)	비율(%)
1	人事官職部 附品級	48	7.83
2	天文部	21	3.43
3	地理部	58	9.46
4	時令部	16	2.61
5	寒暄部	55	8.97
6	食餌部	23	3.75

7	服飾部	25	4.08
8	器具部	52	8.48
9	日用部	20	3.26
10	屋宅部	14	2.28
11	文書部	13	2.12
12	公式部	12	1.96
13	人品部	18	2.94
14	身體部 附疾病	32	5.22
15	動靜部 附瑣說	110	17.94
16	一字部	30	4.89
17	不字部	43	7.01
18	長語類	23	3.75
총합		613[5]	100%

[표 2] 『譯語類解』와 『華語類抄』의 어휘 분류

순서	『譯語類解』(1690)			『華語類抄』(1886)		
	部類	어휘 수(개)	비율(%)	部類	어휘 수(개)	비율(%)
1	天文	85	1.81	天文	50	2.18
2	時令	83	1.77	時令	47	2.05
3	氣候	19	0.41	氣候	12	0.52
4	地理	97	2.07	地理	46	2.01
5	宮闕	34	0.72	宮闕	21	0.92
6	官府	48	1.02	官府	25	1.09
7	公式	75	1.60	公式	24	1.05
8	官職	24	0.51	官職	145	6.33
9	祭祀	22	0.47	祭祀	14	0.61

---

5 연규동(2001), 양초롱(2014)에서는 총 어휘 수를 619개로 보고 있으나, 본고에서 검산한 결과 총 어휘 수는 613개였다. 여러 선행연구에서 부류별 어휘 수가 조금씩 차이가 나는데 이는 저자 개인의 단순 착오이거나, 선행연구 결과를 그대로 참조한 결과로 보인다.

10	城郭	31	0.66	城郭	13	0.57
11	橋梁	12	0.26	橋梁	8	0.35
12	學校	22	0.47	學校	21	0.92
13	科擧	33	0.70	科擧	16	0.70
14	屋宅	141	3.01	屋宅	50	2.18
15	校閱	38	0.81	校閱	21	0.92
16	軍器	55	1.17	軍器	26	1.14
17	佃漁	25	0.53	佃漁	12	0.52
18	館驛	43	0.92	館驛	19	0.83
19	倉庫	20	0.43	倉庫	12	0.52
20	寺觀	52	1.11	寺觀	33	1.44
21	尊卑	48	1.02	尊卑	28	1.22
22	人品	116	2.47	人品	65	2.84
23	敬重	32	0.68	敬重	22	0.96
24	罵辱	31	0.66	罵辱	15	0.66
25	身體	179	3.82	身體	92	4.02
26	孕産	31	0.66	孕産	18	0.79
27	氣息	65	1.39	氣息	42	1.83
28	動靜	57	1.22	動靜	43	1.88
29	禮度	14	0.30	禮度	11	0.48
30	婚娶	34	0.72	婚娶	16	0.70
31	喪葬	36	0.77	喪葬	18	0.79
32	服飾	176	3.75	服飾	75	3.28
33	梳洗	44	0.94	梳洗	27	1.18
34	食餌	299	6.38	食餌	153	6.68
35	親屬	100	2.13	親屬	49	2.14
36	宴享	71	1.51	宴享	24	1.05
37	疾病	94	2.00	疾病	50	2.18
38	醫藥	30	0.64	醫藥	20	0.87
39	卜筮	11	0.23	卜筮	5	0.22
40	算數	26	0.55	算數	13	0.57
41	爭訟	45	0.96	爭訟	24	1.05

42	刑獄	70	1.49	刑獄	33	1.44
43	買賣	56	1.19	買賣	75	3.28
44	珍寶	53	1.13	珍寶	32	1.40
45	蠶桑	18	0.38	蠶桑	9	0.39
46	織造	119	2.54	織造	104	4.54
47	裁縫	52	1.11	裁縫	26	1.14
48	田農	60	1.28	田農	31	1.35
49	禾穀	52	1.11	禾穀	29	1.27
50	菜蔬	94	2.00	菜蔬	51	2.23
51	器具	276	5.88	器具	116	5.07
52	鞍轡	44	0.94	鞍轡	19	0.83
53	舟船	59	1.26	舟船	25	1.09
54	車輛	40	0.85	車輛	11	0.48
55	技戲	42	0.90	技戲	24	1.05
56	飛禽	148	3.16	飛禽	36	1.57
57	走獸	245	5.22	走獸	87	3.80
58	昆蟲	86	1.83	昆蟲	45	1.97
59	水族	89	1.90	水族	30	1.31
60	花草	100	2.13	花草	32	1.40
61	樹木	60	1.28	樹木	28	1.22
62	瑣說	429	9.15	十八省	18	0.79
63				東三省	3	0.13
총합		4,690개	100%		2,289개	100%

위 표에서 가장 먼저 눈에 띄는 점은, 『漢談官話』에 와서 어휘 분류가 대폭 통합되었고 수록 어휘수도 많이 축소되었다는 것이다. 상·하 두 권으로 구성된 『譯語類解』는 총 4,690개의 어휘를 62개 부로 나누어 수록하고 있다. 『華語類抄』는 수록 어휘 개수가 『譯語類解』의 절반으로 줄었으나 어휘 분류와 배열에 있어서 마지막 '瑣說' 대신 중국 지명인 '十八省', '東三省'을 더한

것을 제외하면『譯語類解』의 순서와 체제 구성을 그대로 따르고 있다. 그러나『漢談官話』는 대개 천문으로 시작하는 다른 유해류와 달리 인사·관직 관련 어휘(人事官職部)로 시작하고 있으며, 613개 어휘를 선별하여 17개 부와 1개 류, 총 18개로 분류하여 수록하였다. 특히 부류 마지막 부분의 '一字部', '不字部', '長語類'는 일상생활에서 주로 쓰이는 구어체의 어휘, 어구, 문장 표현을 싣고 있는데, 이는『譯語類解』의 '瑣說'과도 다르고『華語類抄』의 어휘 수록 양상과도 다르다.

조선시대에 간행된 유해류 서적의 기본적인 어휘 배열 방식이 '天', '地', '人'의 인식 체계를 따르고 있다는 점은 일찍이 연규동(2001)의 연구에서부터 잘 알려진 사실이다. '天', '地', '人'으로 세계를 인식하는 방법은 조선시대 성리학 사상의 우주 형성 원리로부터 비롯된 것이다.『譯語類解』와『華語類抄』, 그리고『漢談官話』는 모두 기본적인 부류 항목을 세움에 있어 이 체계를 따르고 있으며, 인간의 사유, 행동, 생활 방식과 관련한 어휘들이 다수를 이루는 점 또한 같다. 그러나『漢談官話』에 와서는 '天', '地'에 해당하는 天文部와 地理部를 제외하고, '人'과 관련한 의례(婚娶, 喪葬, 祭祀), 조정(宮闕, 官府, 館驛, 倉庫), 연회(宴享, 技戲), 신분(尊卑), 신앙(寺觀, 卜筮), 산업(買賣, 珍寶, 蠶桑, 裁縫, 田農, 禾穀, 菜蔬, 佃漁), 이동 수단(鞍轡, 舟船, 車輛), 동식물(走獸, 飛禽, 昆蟲, 手足, 花草, 樹木)의 구분이 대폭 생략되었다. 반면 새로 추가된 日用部, 寒暄部, 文書部는 각각『譯語類解』와『華語類抄』의 算數 관련 어휘, 敬重과 罵辱 관련 어휘, 學校와 科擧 관련 어휘가 포함되어 있다. 이러한 취사선택과 통합은 실제 사용에 있어 다소 번잡하고 활용 빈도가 낮을 수 있는 부류의 어휘를 과감하게 생략하고 상대적으로 실용성이 높은 어휘를 집중적으로 수록하기 위한 선택이었다고 볼 수 있다.

이상의 논의를 정리하면, 『漢談官話』는 『譯語類解』, 『華語類抄』와 같이 조선시대 유해류 서적의 기본 틀을 갖추고 있지만 어휘 부류가 상당 부분 통합되거나 생략되었으며, '一字部', '不字部', '長語類'를 더해 사용 빈도가 높은 구어 표현을 추가하여 실용성과 실제성을 높였다. 그뿐만 아니라, 어휘 분포 비율도 기존 유해류에서 높은 비율을 차지했던 각종 산업, 이동 수단, 동식물의 종류를 단순 나열하는 대신, '人'에 해당하는 사회생활, 생활 양식과 직접적으로 관련된 인사, 계급, 행동, 도구, 표현의 어휘를 선별하고 더하였다. 이는 『漢談官話』가 역관(譯官) 등 특정 계급의 학습을 위해 편찬된 것이 아니라 아니라 민간에서 필요로 하는 용도와 수요에 부응하여 중국인과의 의사소통에 즉각적이고 직접적으로 도움이 될 만한 내용을 위주로 설계, 구성한 결과이다. 즉 『漢談官話』는 조선시대 유해류의 기본 체제와 내용 구성의 영향을 받긴 했지만, 사역원 편찬의 기존 역학서와는 다른 민간 학습서로서의 기능과 역할을 갖추었음을 알 수 있다.

3. 『漢談官話』의 어휘 특징

1) 『漢談官話』의 뜻풀이 방식과 유형

앞서 언급한 바와 같이 『漢談官話』는 총 18개 부류[6]에 613개 단어, 구,

---

6   선행연구에서 지적한 바와 같이(박찬식(2008:47), 김영(2015:210-211)), 기존 유해류 서적에서는 부(部)와 류(類)를 구분하며, 위계적 조직 체계를 가진 경우 부를 상위의 [대분류]에, 류를 [중분류]나 [소분류]에 대응하여 구분한다. 그러나 『漢談官話』는 [표 1]에

절 및 관용구 등을 수록하고 있다. 『漢談官話』는 『譯語類解』, 『華語類抄』에 비해 부류의 수와 수록 어휘량이 현저히 적다. 부류의 수는 두 유해서의 1/3에 채 미치지 못하는데, 이는 『漢談官話』의 부류가 이전 유해류 서적의 세부적인 부류를 통합, 축소, 삭제하고 재배열하였기 때문이다(양초롱 2014: 50-51). 이러한 부류의 통합은 명시적인 경우도 있지만 대부분 부류 내부에 표제어가 혼재되는 양상으로 나타난다. 예컨대 人事官職部, 身體部, 動靜部는 각각 附品級, 附疾病, 附瑣說 등 일종의 부제를 통해 해당 부류가 포괄하는 단어의 범위가 부류 명칭에 보이는 것보다 포괄적이고 통합되어 있음을 명시하지만, 天文部의 경우 천문 관련 어휘 외에도 기존 유해류 서적에서 氣候로 분류되던 단어들이 포함되어 있으며 地理部에는 지리 관련 어휘와 함께 기존 유해류 서적에서는 城廓, 橋梁 등으로 분류되던 건축 관련 어휘도 포함되는 등, 비명시적인 방식으로 기존 유해서의 부류를 통합, 축소하였다.

한편 각각의 부류는 일종의 의미장(semantic field)으로, 단어의 상관관계에 따라 다시 몇 개의 하위 부류로 무리 지을 수 있다. 예를 들어 『漢談官話』 체제 중 첫 번째 부류인 人事官職部에 수록된 어휘의 하위 부류는 [직분], [품급], [존비]이며, 이중 [직분]은 다시 [직책], [신분] 및 [기타]로 나뉜다(양초롱(2014:35-37)). 즉 人事官職部는 대분류, [직분], [품급], [존비]는 중분류, [직책], [신분] 및 [기타]는 소분류로, 이 분석에 따르면 각 부는 최소 2단계, 최대 3단계로 하위 부류가 나뉘는 위계적 분류 체계를 보인다. 또한 각 부류의 단어들은 의미의 상관관계에 따라 연관성이 있는 표제어끼리 가깝게 배열되어 있다. 人事官職部의 첫 15개 표제어 '皇上, 閣老, 尙書, 國王, 欽差大人,

<hr>

서 보이듯 부와 류를 특별히 구분하지 않고 동일선상에서 사용한다.

觀察使, 萬歲爺爺, 中堂, 侍郎, 大官, 遠接使大人, 地方官, 中使, 擧人, 陞官, 小官'를 살펴보면, 황제부터 거인(擧人)까지 제국과 제후국 직책 및 벼슬의 고하(皇上과 國王, 中堂과 侍郎, 尙書와 中使 등), 중심과 주변(欽差大人과 遠接使大人, 觀察使와 地方官 등), 사회적 지위의 존비(尊卑) 등을 고려하여 명칭과 호칭을 배열한 것으로 보인다. 다만 皇上과 萬歲爺爺는 모두 황제를 지칭하는 호칭이나 같은 면의 첫 번째와 여덟 번째 행에 배열되는 등 구체적인 배열은 정교하지 못한 것을 알 수 있다.

『漢談官話』에서 두드러지는 점 중 하나는 뜻풀이 방식이다. 유해서의 뜻풀이 방식은 크게 두 가지 방식으로 나뉜다. 첫째, 대역어를 사용하여 표제어의 의미를 직접적으로 제시하거나, 둘째, 대역어를 사용하고 메타언어로 설명을 추가하거나 대역어 없이 메타언어를 사용하여 설명을 추가하는 방식으로, 이때 설명에 사용되는 메타언어의 형식은 언문, 즉 당시의 한국어로 풀이하거나, 당시 조선에서 통용되던 한자어 또는 문언문 형식으로 풀이하는 방식을 취한다. 예외적인 경우로, 표제어로 세운 단어나 표현이 당시 한국어에도 사용이 되는 등 별도의 뜻풀이가 필요 없다고 판단되는 경우 표제어와 같다는 표시(『譯語類解』는 이를 ㅣㅣ로 표시)를 한다. 그러나 『漢談官話』에서는 뜻풀이가 제시되지 않고 공백으로 남겨진 경우가 많다. 예를 들어 [표 3]에 제시한 人事官職部에는 총 48개의 표제어가 제시되어 있는데 대다수가 별도의 뜻풀이 없이 표제어와 주음만 나열되어 있다. 48개 표제어 중 어떤 형태로라도 뜻풀이가 제시된 표제어는 21개로 부류 내 전체 표제어의 절반에 미치지 못한다. 뜻풀이가 같이 제시된 표제어 21개 중 한국어 대역어가 제시된 것은 6개(老大人, 老人家, 妳ㄷ, 偏房, 小娘, 娘們)에 불과하며 한자어 대역어가 제시된 표제어는 7개(高陞, 冬大季, 頭目, 底些們, 小季, 使喚, 官婊)이고 나머지 8개 표제어

(小官, 三品亮藍, 四品穢藍, 托福, 跟班的, 皇曆上, 底些兒, 在下)에는 문언문 설명이 제시되어 있다. 한편 뜻풀이가 없는 표제어들은 다른 유해류 서적과 달리 뜻풀이가 표제어와 동일하다는 표시 없이 공백으로 나타나며, 주로 관직의 명칭 및 호칭(皇上, 閣老, 尙書, 中堂, 侍郎 등)과 당시 한국어에서 한자어로 통용되던 단어(進士, 秀才, 男子, 出嫁, 名帖 등)이다. 다른 부류에 비해 유독 人事官職部에 이런 뜻풀이의 공백이 두드러지는데, 아마도 관직명이나 통용 한자어 모두 한자를 아는 사람이라면 표제어를 읽고 의미를 파악하는 것이 쉽기 때문일 것이다. 이에 비해 한자와 한문(문언문) 지식이 있더라도 당시 중국어를 알지 못하면 의미를 파악하기 쉽지 않은 구어 표현 위주의 一字部, 不字部, 長語類 등은 극히 소수의 표제어를 제외하고 모두 한국어 대역어와 대역문이 수록되어 있다.

[표 3] 『漢談官話』 人事官職部의 뜻풀이와 뜻풀이 유형

표제어	주음	뜻풀이	
		뜻	뜻풀이 유형
皇上	황샹		(공백)
閣老	거롼		(공백)
尙書	챵슈		(공백)
國王	궈왕		(공백)
欽差大人	칭츠다인		(공백)
觀察使	관차스		(공백)
萬歲爺爺	완쉬여ㄷ		(공백)
中堂	즁탕		(공백)
侍郎	시랑		(공백)
大官	다관		(공백)
遠接使大人	원제스다인		(공백)

地方官	미방관		(공백)	
中使	즁스		(공백)	
擧人	쥐인		(공백)	
陞官	승관		(공백)	
小官	샤관	自稱之語	문언문 풀이	표제어의 기능 표시
一品寶石	이핀보시		(공백)	
二品珊瑚	얼핀샨후		(공백)	
三品亮藍	싼핀량난	亮之稱朗也	문언문 풀이	표제어 일부 한자의 뜻
四品穢藍	쓰핀예난	穢之稱濁也	문언문 풀이	표제어 일부 한자의 뜻
五品良白	우핀량비		(공백)	
六品穢白	누핀예비		(공백)	
七八九品銅頂子	치바긔핀통징즈		(공백)	
進士	신쓰		(공백)	
秀才	식치		(공백)	
高陞	갓승	陞官	한자어 대역	동의 한자어 대역
托福	토부	致謝也	문언문 풀이	표제어의 기능 표시
賚咨官	져ᄌ관		(공백)	
冬大季	둥다지	冬至使	한자어 대역	동의 한자어 대역
跟班的	근반지	侍從人也	문언문 풀이	표제어 의미 풀이
通官	통관		(공백)	
頭目	투쿠	從人	한자어 대역	동의 한자어 대역
底些們	지져문	下人	한자어 대역	동의 한자어 대역

皇曆上	황리샹	皇曆時	문언문 풀이	표제어 의미 풀이
小季	쌴지	別使	한자어 대역	동의 한자어 대역
使喚	시훤	役人	한자어 대역	동의 한자어 대역
底些兒	지져아	下也	문언문 풀이	표제어 의미 풀이
在下	짓빠	謙己之語	문언문 풀이	표제어의 기능 표시
官婊	관뱌	妓生	한자어 대역	동의 한자어 대역
男子	난즈		(공백)	
老大人	랃다인	부친	한국어 대역	
老人家	랃인쟈	늘그니	한국어 대역	
妳妳(奶奶)	ㄴ二	계집	한국어 대역	
偏房	편빵	첩	한국어 대역	
小娘	쌴양	첩	한국어 대역	
娘們	양믄	계집들	한국어 대역	
出嫁	추자		(공백)	
名帖	밍쳐		(공백)	

[표 3]에 보이듯 한자어와 문언문을 이용한 뜻풀이는 크게 세 가지로 구분할 수 있다. 첫째, 표제어에 상응하는 한자어 대역어 제시한 경우(高陞-陞官), 둘째, 표제어의 용법과 기능을 설명한 경우(小官-自稱之語), 셋째, 표제어의

뜻을 문언문으로 설명한 경우(跟班的-侍從人也) 등으로, 이 중 표제어의 뜻을 문언문으로 설명한 경우는 다시 표제어의 일부 한자 의미를 좀 더 쉬운 의미의 한자를 이용해 설명한 경우(三品亮藍-亮之稱朗也)와 당시 중국어 구어인 표제어의 형태소에 대응하는 동일한 문언용 한자와 문언문 통사 구조로 풀이한 경우(跟班的-侍從人也)로 나눌 수 있다. 이는 현대 중국어 사전에서 문언 단어나 문언문을 언중이 이해할 수 있는 현대 중국어 백화(白話)로 풀이하는 것을 연상시킨다. 즉 유해류 서적에서 외국어의 뜻풀이에 당시 사용자가 비교적 쉽게 이해할 수 있는 언문(諺文) 대역어(즉 당시의 한국어)와 한자 및 한문을 이용한 것이다. 이는 외국어 사전으로서 『漢談官話』의 뜻풀이 형식과 내용이 당시 언중의 언어생활을 반영하고 있음을 알 수 있다.

이처럼 『漢談官話』는 일종의 외국어 학습 사전으로서 어휘 부류 및 뜻풀이의 형식과 내용 측면에서 기존 유해류 서적의 전통을 계승하면서도 몇 가지 측면에서 혁신이 있었음을 알 수 있다.

2) 『漢談官話』와 『華語類抄』의 표제어 비교

이 절에서는 『漢談官話』와 발간 시기가 유사한 것으로 추정되는 『華語類抄』와의 비교를 통해 『漢談官話』의 어휘 특징을 살펴본다. 1장에서 살펴본 것처럼 『華語類抄』는 1886년에 발간한 것으로 추정되며, 기본 체제는 1690년에 발간된 『譯語類解』 및 『譯語類解補』의 체제를 거의 그대로 따르고 있다. 반면 수록된 표제어는 『譯語類解』 및 『譯語類解補』와 대부분 중복되지 않는다.[7] 『華語類抄』가 『譯語類解』 및 『譯語類解補』보다 약 200년 늦게 제작된 것을 고려하면 이는 『華語類抄』가 실제 중국어 학습과 사용에 있어 시대적 차이와 당시의 수요에 따라 기존 유해류 서적을 보충하고자 하는 의도가 반영된 것이라 짐작할 수 있다. 한편 『漢談官話』는 앞 절에서 살펴본 것처럼 실용성에 중점을 두고 19세기 말에서 20세기 초 당시 중국어 구어에서 사용되는 단어와 어휘 표현을 모아 수록하였으므로 체제와 수록 어휘 면에서 기존 유해류 서적과 큰 차이를 보인다. 따라서 이 절에서는 비슷한 시기에 출간된 서로 다른 성격의 두 중국어–한국어 대역사전을 비교하여 『漢談官話』의 어휘적 특징을 살펴보고자 한다. [표 4]는 『漢談官話』와 『華語類抄』에 공통으로 수록된 단어들이다.

7　『譯語類解』와 『譯語類解補』에 수록된 어휘의 종류와 수량이 광대하여 수록 어휘 수가 『譯語類解』 및 『譯語類解補』를 합한 어휘 수의 1/3에 불과한 『華語類抄』에 이 정도 수량의 새로운 단어가 추가된 것은 시간의 흐름에 따라 어휘가 변화했고, 실제 중국어가 사용되는 환경과 사용자의 수요에 따라 차별화가 필요했기 때문으로 생각된다. 초보적인 조사에 따르면 『華語類抄』와 『譯語類解』 및 『譯語類解補』에 모두 출현하는 단어는 총 135개로, '街上, 枷號, 赶集, 赶出去, 講價, 强盜, 講和, 結繭, 決案, 界地雲, 告官, 骨朵雲, 夥計, 交手, 勸開, 捲布棍, 機身, 金剛鑽, 金箔, 金子, 衲的, 斷罪, 糖房, 玳瑁, 大市, 大布, 桃紅, 頭眠, 絡絲, 零布, 琉璃, 柳黃, 瑪瑙, 賣卦, 買主, 賣主, 木紅, 蜜蠟珠, 薄田, 盤問, 飯店, 寶石, 保人, 卜筮, 蜂赶梅, 粉紅, 梭, 四季花, 絲料, 死縫, 算卦, 算命, 算數, 珊瑚, 上樹, 上身, 象牙, 犀角, 錫鑞, 筬筐, 袖口, 手杻, 數數兒, 袖子, 水田, 水晶, 囚車, 繡針, 十甑, 牙子, 牙錢, 鴉靑, 鵝黃, 暗花, 鸚哥綠, 搖貨郎, 月白, 油房, 銀子, 銀硃, 一粒, 一抄, 一撮, 磁石, 雜貨鋪, 壯田, 將就, 裁縫, 裁衣裳, 掙線, 底襟, 摘繭, 吊面, 前襟, 轉錢, 店房, 正賊, 照行市, 竹板子, 中綾, 扯絲, 儧指, 倡價, 天靑, 招供, 草綠, 葱白, 取招, 打官司, 打倒, 打算, 拖欠, 破卦, 鞭打背, 鋪子, 漂白布, 被告, 皮鞭子, 下身, 下子, 夏布, 旱田, 海馬, 海蛇, 行的, 夾棍, 護領, 琥珀, 好些兒, 紅銅, 幌子, 劊子手, 後襟, 黑鉛, 紇絡' 등이 있다. 이들 단어 대부분은 기초 어휘나 기본 어휘가 아닌데, 이는 바꿔 말하면 『華語類抄』와 『譯語類解』는 기초 어휘와 기본 어휘 측면에서 중복되는 단어가 거의 없고 따라서 『華語類抄』가 어휘 측면에서 상당 부분 『譯語類解』를 보충하는 의도가 있음을 시사한다.

[표 4] 『漢談官話』와 『華語類抄』에 공통으로 수록된 단어

공통 단어	『漢談官話』		『華語類抄』	
	부류	뜻풀이	부류	뜻풀이
面皮	公式部	인정쓰는것	身體	놋갓
茶碗	器具部	(공백)	器具	차완
等子	器具部	중져울	器具	져근져울
煤炭	器具部	(공백)	食餌	숫
法馬	器具部	天秤錘	器具	텬평추
席子	器具部	(공백)	器具	돗
洗臉盆	器具部	(공백)	器具	세수소라
圍屏	器具部	병풍	器具	병풍
椅子	器具部	교의	器具	교의
酒壺	器具部	(공백)	器具	술병
秤子	器具部	소져울	器具	큰져울
快子	器具部	젹가락	器具	져가락
打火	器具部	부쇠치다	食餌	불찌다
毫星	器具部	져울눈	器具	져울눈
火盆	器具部	(공백)	器具	화로
火絨	器具部	부쇠깃	器具	부쇳깃
念書	文書部	(공백)	學校	글외오다
寫字	文書部	(공백)	學校	글쓰다
網子	服飾部	망건	服飾	망건
辮子	服飾部	호승치	梳洗	싸흔것
朝帶	服飾部	조복띄	服飾	조복띄
朝服	服飾部	(공백)	服飾	조복
朝靴	服飾部	목화	服飾	조훠
穿衣裳	服飾部	옷닙다	服飾	옷닙다
脫衣裳	服飾部	옷벗다	服飾	옷벗다
風領	服飾部	휘항	服飾	풍츠
晌午	時令部	午時	時令	낫
愛喫	食餌部	질겨먹다	食餌	즐겨먹다
做飯	食餌部	밥짓다	食餌	밥짓다

服藥	身體部	(공백)	醫藥	약먹다
洗手	身體部	손삣다	梳洗	손씻다
洗澡	身體部	목욕	梳洗	목욕ㅎ다
啞吧	身體部	벙어리	人品	벙어리
眼花	身體部	(공백)	疾病	눈밤의다
耳聾	身體部	(공백)	疾病	귀먹다
瞎子	身體部	눈먼사람	人品	눈먼놈
頭疼	身體部	(공백)	疾病	머리알타
洗臉	身體部	낫씻다	梳洗	놋씻다
出汗	身體部	쌈나다	醫藥	쏨나다
貴府	屋宅部	(공백)	敬重	놈의집위ㅎ는말
茅房	屋宅部	뒤산	屋宅	뒷간
擧人	人事官職部	(공백)	科擧	거ᄌ
名帖	人事官職部	(공백)	公式	명텹
秀才	人事官職部	(공백)	科擧	수지
侍郎	人事官職部	(공백)	官職	시랑
中堂	人事官職部	(공백)	官職	졍승
偏房	人事官職部	첩	親屬	첩
尙書	人事官職部	(공백)	官職	상셔
陞官	人事官職部	(공백)	官職	승직ㅎ다
打更	人品部	(공백)	時令	경뎜티다
舅子	人品部	쳐남	親屬	쳐남
打算	日用部	(공백)	算數	산두다
江水	地理部	(공백)	地理	강수
大道	地理部	(공백)	地理	큰길
獨木橋	地理部	(공백)	橋梁	외나모다리
橋	地理部	(공백)	橋梁	통칭ᄃ리
雪大	天文部	積雪	天文	눈만히오다
月亮	天文部	月明	天文	둘붉다
打霜	天文部	布霜	天文	서리티다
下雪	天文部	雪來	天文	눈오다
送禮	寒暄部	예물보늬다	婚娶	송치ㅎ다

| 貴庚 | 寒暄部 | 問年歲 | 敬重 | 눔의나흘눈말 |
| 貴姓 | 寒暄部 | (공백) | 敬重 | 눔의셩뭇눈말 |

표제어의 형태가 동일하다는 것을 전제로,[8] 『漢談官話』와 『華語類抄』에는 총 63개의 공통 표제어가 수록되어 있다. 이 공통 수록 표제어 63개는 명사성 어구 40개를 중심으로 동사성 어구 17개, 형용사성 어구 6개로 이루어져 있으며, 『漢談官話』 전체 어휘 수의 약 10.2%, 『華語類抄』 전체 어휘 수의 약 2.8%를 차지하여 일치도는 매우 낮은 편이다. 발간 시기가 비교적 가까운 데도 두 유해류 서적에 수록된 어휘는 양적인 면과 내용적인 면에서 차이가 크다는 것을 알 수 있다.[9]

공통 수록 표제어가 소속된 부류를 비교하면 『漢談官話』의 부류를 기준으로 器具部 15개, 身體部 10개, 人事官職部와 服飾部 각 8개, 天文部와 地理部 각 4개, 寒暄部 3개, 人品部, 屋宅部, 食餌部, 文書部 각 2개, 公式部, 時令部, 日用部 각 1개의 표제어가 분포하며, 動靜部(附瑣說), 不字部, 一字部, 長語類 에는 공통된 표제어가 존재하지 않는다. 이를 통해 18개 어휘 부류 중 유독 일부 부류에 공통 수록 표제어가 집중되어있음을 발견할 수 있다. [표 1]에 따르면 『漢談官話』에서 수록 어휘 수가 가장 많은 부류는 110개 표제어가

---

8 『漢談官話』는 필사본으로 이체자와 통가자(通假字)가 다량으로 사용되어 『譯語類解』와 같이 관방에서 편찬된 역학서의 비교적 엄격한 정서법과는 어느 정도 차이가 있다. 따라서 본서에서는 논의의 편의를 위해 『漢談官話』에 나타나는 이체자와 통가자를 가능한 한 통용 한자로 대체하였으나 일부 차이가 있을 수 있다.

9 김영(2015)에 따르면 『漢談官話』와 비슷한 계열의 어휘서로 『華語』가 있다. 표제어, 항목 설정, 어휘 배열순서, 대역 방법 등 세부적인 면에서는 차이가 있으나 사역원의 주도로 발간되었던 기존 『譯語類解』 계열의 유해서보다는 체제나 수록 어휘 면에서 상당한 유사성이 발견된다.

포함된 動靜部(附瑣說)이나 『華語類抄』와 공통된 표제어는 없고 두 번째로 어휘 수가 많은 地理部와 세 번째로 어휘 수가 많은 寒暄部는 공통 표제어가 각 4개와 3개에 불과한 반면, 네 번째로 어휘 수가 많은 器具部와 일곱 번째로 어휘 수가 많은 身體部에는 각 15개, 10개의 공통 표제어가 수록되어 전체 공통 수록 표제어의 약 40%를 차지한다. 특히 身體部는 질병을 포함한 32개 표제어 중 10개가 『華語類抄』와 공통되어 약 31%를 차지한다. 공통 표제어가 특정 부류에 집중되었다는 것은 다시 말해 다른 특정 부류에는 공통 표제어가 없다는 뜻이기도 하다. 공통 표제어가 없는 부류인 動靜部(附瑣說), 不字部, 一字部, 長語類는 모두 구어적 성격이 강한 표제어로 구성되어 있다는 점에서, 『漢談官話』가 당시 중국어 구어 표현을 중시하여 중국어를 이용한 실제 의사소통에서 사용하기 수월하도록 구성했으며 기존 유해류 역학서를 보완한 실용적인 성격의 역학서임을 재확인할 수 있다.

2장에 보인 바와 같이 『華語類抄』는 『譯語類解』의 분류와 거의 유사하므로 부류 목록이 매우 세부적인 데 반해 『漢談官話』의 부류 목록은 상대적으로 수가 적고 통합적이다. [표 4]에서도 이러한 경향을 엿볼 수 있다. 天文部로 분류되는 단어인 '雪大, 月亮, 打霜, 下雪'가 『華語類抄』의 天文에 속하는 것을 제외하면, 두 유해류 서적에 공통으로 수록된 단어의 『漢談官話』 내 분류와 『華語類抄』 내 분류가 완전히 일치하지는 않는다. 예컨대 『漢談官話』의 器具部에 속하는 15개 단어 중 2개 단어('煤炭', '打火')는 『華語類抄』에서 食餌에 속하고, 『漢談官話』의 人事官職部에 속하는 8개 단어는 『華語類抄』에서 官職(4개), 科擧(2개), 公式(1개)과 親屬(1개)에 속한다. 또한 『漢談官話』의 服飾部에 속하는 단어들이 『華語類抄』의 부류에서는 服飾과 梳洗에 속하며, 『漢談官話』의 身體部에 속하는 단어는 『華語類抄』의 醫藥, 梳洗, 人品, 疾病 부류에 속하는

데, 『漢談官話』의 身體部가 疾病을 포함하지만(附疾病) 실제로는 더 많은 부류의 단어가 포괄적으로 수록되어 있다. 이러한 양상은 『漢談官話』의 부류가 이전 유해서의 부류에 비해 포괄적이고 통합적임을 보여줌과 동시에 『漢談官話』의 저자가 독자적인 시각에서 어휘를 수집, 분류했음을 보여준다.

한편 두 어휘집의 뜻풀이 방식도 차이가 드러난다. 앞 절에서 지적한 바와 같이 『漢談官話』는 표제어의 상당수에 뜻풀이가 제시되어 있지 않다. [표 4]에 보이듯이 공통 수록 표제어 총 63개 중 28개 표제어 항목에도 뜻풀이 부분이 공백으로 처리되어 있다. 이렇게 뜻풀이가 공백인 표제어는 '茶碗, 煤炭, 席子, 洗臉盆, 酒壺, 火盆, 念書, 寫字, 朝服, 服藥, 眼花, 耳聾, 頭疼, 貴府, 擧人, 名帖, 秀才, 侍郎, 中堂, 尙書, 陞官, 打更, 打算, 江水, 大道, 獨木橋, 橋, 貴姓'로 총 28개이며 이 중 '茶碗, 煤炭, 席子, 洗臉盆, 酒壺, 火盆, 朝服, 貴府, 擧人, 名帖, 秀才, 侍郎, 中堂, 尙書, 江水, 大道, 獨木橋, 橋, 貴姓'은 명사성 어구이며, '念書, 寫字, 服藥, 陞官, 打更, 打算'는 동사성 어구, '眼花, 耳聾, 頭疼'은 형용사성 어구이다. 명사성 어구의 대부분은 기구, 관직, 지리나 건축물 관련 어휘이며, 동사성 어구는 일상생활의 활동이나 특정 직업과 관련된 어휘이고, 형용사성 어구는 신체의 상태와 관련된 어휘이다. 뜻풀이가 공백인 이유는 여러 가지가 있겠지만 주요한 이유는 한자 지식이 있는 사용자가 표제어의 한자를 보고 의미를 바로 이해할 수 있기 때문으로 보인다. '擧人, 秀才, 侍郎, 中堂, 尙書'와 같은 관직명은 각 한자의 의미와 한자어의 구조를 안다고 하더라도 관직에 대한 지식이 있지 않으면 해당 단어의 의미를 파악하기 쉽지 않다. '擧人'을 예로 들면, 단어 구성 성분인 각 한자의 의미는 '들다(擧)'와 '사람(人)'이며, 형태적 구조는 '동사(擧)+명사(人)'로 일반적인 고전 중국어(문언문) 문법에서 동사에 후행하는 명사는 동사의 목적어로 해석되

므로 '擧人'은 '사람을 들다', 즉 '사람을 천거(薦擧)하다'라는 동사성 어구로
이해될 것이다. 그러나 실제 '擧人'은 '과거에 응시하는 사람, 또는 관직에
추천되거나 등용된 사람'으로 명나라 이후 향시(鄕試)에 합격한 사람에게 주
어지는 학위 또는 그 학위를 가진 사람을 가리킨다.[10] 이처럼 관직명은 각
형태소의 구조와 의미 합성에서 일정한 시대적 배경과 발생 맥락에 따라
은유를 거쳐 새로운 의미를 획득하며 한 번 명칭이 고정되면 오랜 기간 사용
된다. 관직명이 직관적인 의미 합성으로 이해하기 쉽지 않음에도 불구하고
관직명에 뜻풀이가 생략된 이유는 조선시대라는 시대적 맥락에서 이런 관직
명이 일종의 상식이었기 때문이다. 나머지 대부분의 명사성 어구(茶碗, 煤炭,
席子, 洗臉盆, 酒壺, 火盆, 朝服, 貴府, 貴姓, 名帖, 江水, 大道, 獨木橋, 橋)는 어구의
각 구성 성분 한자의 의미를 알면 의미 합성을 통해 쉽게 단어 의미를 이해할
수 있으며, 무엇보다도 당시 한국어에서 이미 한자어로 정착되어 사용되었을
가능성이 있으므로 뜻풀이를 생략했을 것이다.[11]

---

10   위키백과(https://ko.wikipedia.org/wiki/%EA%B1%B0%EC%9D%B8_(%EC%8B%A0%EB%B6%84)), 바이두 백과(https://baike.baidu.com/item/%E4%B8%BE%E4%BA%BA/63627) 및 네이버 한자 사전(https://hanja.dict.naver.com/#/entry/ccko/103f3e338e364167b7c04d5bc8a7d120) 풀이 참조. 최초에는 관직에 사람을 추천하는 행위를 나타내는 동사(擧)+명사 목적어(人)구조의 동사성 어구('사람을 천거하다')였으나 후대에는 관직에 추천을 받은 사람을 가리키는 명사성 어구('所擧之人(천거한 사람)')로 재분석되어 고착하였음을 짐작할 수 있다.

11   '席子, 貴府, 貴姓'은 단어 구성 성분의 의미 합성성에 예외적인 경우로 간주할 수 있다. '席子'는 '子'가 실질 의미를 가진 명사가 아닌 접미사임을 알아야 하고, '貴府, 貴姓'은 '貴'가 대화의 상대방에 대해 예의와 존경을 나타내기 위해 사용되는 경어의 용법임을 알아야 하므로 단순히 한자 의미만 안다고 해서 해당 어구의 뜻을 정확히 파악하기 어렵기 때문이다. 그러나 이들 단어는 현대 한자 사전에 표제어 항목으로 수록되어 있고, 사전의 뜻풀이를 참고하면 이 단어들은 당시 한국어에서 이미 고착된 한자어로 사용되었을 가능성이 높다. 따라서 『漢談官話』에서도 표제어만으로도 충분히 의미를 알 수 있다고 간주하고 뜻풀이를 생략했을 것으로 짐작된다. 이에 비해 '貴府, 貴姓'과 비슷한 구조

동사성 어구인 '念書, 寫字, 服藥, 陞官, 打更, 打算'은 동사-명사 구조이며 후행하는 명사가 동사의 목적어이고[12] 어구의 구성 성분 의미를 합성하여 어구 전체의 의미를 알기 쉽다. 형용사성 어구인 '眼花, 耳聾, 頭疼'은 명사-형용사 구조로 선행하는 명사가 가리키는 신체 부위의 좋지 않은 상태를 나타내는 어구로, 역시 어구 구성 성분의 의미를 합성하여 전체 어구 의미를 파악할 수 있다. 이렇게 구성 성분의 의미 합성을 통해 쉽게 의미를 알 수 있는 경우 뜻풀이를 생략한다는 추론은 『華語類抄』의 뜻풀이에 의해 뒷받침될 수 있다. 예를 들어 『漢談官話』에서 뜻풀이가 생략된 관직의 명칭은 『華語類抄』에서 대부분 해당 표제어의 한자음을 언문으로 표기하거나 해당 표제어의 이명(異名)을 언문으로 표기하였으며, 일반 명사는 그에 해당하는 한국어 명사를, 동사성 어구와 형용사성 어구 역시 상응하는 당시 한국어 표현을 언문으로 표기하였는데 이 언문 풀이에 사용된 단어가 대체로 표제어의 구성 성분에 대응하는 형식을 보인다('打更'-'경뎜(更)티다(打)', '眼花'-'눈(眼)밤의다(花)' 등).

한편 『漢談官話』와 『華語類抄』 두 문헌에 공통으로 수록된 표제어 중 뜻풀이가 모두 제시된 어구는 총 35개이다. 이 중 뜻풀이가 완전히 일치하는 예는 '圍屛(병풍)', '椅子(교의)', '毫星(져울눈)', '網子(망건)', '朝帶(조복쯰)', '穿衣裳(옷닙다)', '脫衣裳(옷벗다)', '做飯(밥짓다)', '啞吧(벙어리)', '茅房(뒷간)', '偏

의 '貴庚'은 『漢談官話』와 『華語類抄』에 모두 뜻풀이가 제시되어 있는데('問年歲', '놈의 나믓눈말') 구성 성분의 의미만으로는 이 단어의 완전한 의미를 유추하기가 어려운 편이기 때문으로 짐작된다.

12 '打算'은 현대 표준중국어의 분석에서는 동사-동사 구조로 여겨지나 단어 발생 초기에는 동사('치다')-명사('산가지') 구조로부터 용법과 의미를 획득하였을 것으로 추측된다. 이는 '打算'에 대한 『華語類抄』의 풀이인 '산두다'(즉 '산가지를 두다, 셈하다, 계산하다')로부터 유추할 수 있다.

房(첩)’, ‘舅子(쳐남)’ 12개이다. 뜻풀이가 기본적으로는 일치하지만 정서법에 차이가 있는 예는 ‘法馬(『漢』: 天秤錘-『華』: 텬평추)’,[13] ‘快子(『漢』: 젹가락-『華』: 져가락)’, ‘火絨(『漢』: 부쇠깃-『華』: 부쇳깃)’, ‘愛喫(『漢』: 질겨먹다-『華』: 즐겨먹다)’, ‘洗手(『漢』: 손삣다-『華』: 손씻다)’, ‘洗臉(『漢』: 낫씻다-『華』: 눗씻다)’, ‘出汗(『漢』: 쌈나다-『華』: 쏨나다)’으로 7개이다. 같은 의미이나 『漢談官話』에서는 한자를 이용해 문언문으로 풀이하고 『華語類抄』에서는 언문으로 풀이한 예는 ‘晌午(『漢』:午時-『華』:낫)’, ‘雪大(『漢』: 積雪-『華』: 눈만히오다)’, ‘月亮(『漢』: 月明-『華』: 둘밝다)’, ‘打霜(『漢』: 布霜-『華』: 서리티다)’, ‘下雪(『漢』: 雪來-『華』: 눈오다)’, ‘貴庚(『漢』: 問年歲-『華』: 놈의나뭇눈말)’로 6개이다. ‘面皮’, ‘等子’, ‘秤子’, ‘打火’, ‘辮子’, ‘朝靴’, ‘風領’, ‘洗澡’,[14] ‘瞎子’, ‘送禮’ 등 10개 표제어는 뜻풀이에 사용된 언문이 전혀 다른 예이다. 이중 ‘打火’, ‘朝靴’, ‘洗澡’, ‘瞎子’, ‘送禮’는 사실상 같은 의미를 다른 말로 표현한 것이다. 그밖에 ‘面皮’, ‘等子’, ‘秤子’, ‘風領’은 의미의 일부가 일치하는 예이며 ‘辮子’는 두 문헌의 풀이가 완전히 불일치하는 예이다.[15]

이상으로 『漢談官話』와 『華語類抄』의 비교를 통해 『漢談官話』 어휘의 특징을 살펴보았다. 『漢談官話』와 『華語類抄』는 발간 시기가 비교적 가깝지만 수록 어휘는 양적으로나 내용적으로 차이가 크다. 『漢談官話』의 부류 목록은

---

13 ‘法馬’는 『漢談官話』에 ‘天秤錘’로, 『華語類抄』에 ‘텬평추’로 풀이되었다. ‘텬평추’는 한자어 ‘天秤錘’의 한자음 표기이므로 두 풀이가 실질적으로는 동일하나 언어 형식적으로는 차이가 있어 정서법 차이를 보이는 예로 간주한다.

14 ‘洗澡’는 『漢談官話』에 ‘목욕’으로, 『華語類抄』에 ‘목욕ᄒ다’로 풀이되어 있는데, 전자는 명사 형태로 후자는 동사 형태로 풀이하였다.

15 ‘辮子’에 대한 『漢談官話』의 풀이인 ‘호승치’는 의미 불상으로 이에 대한 고찰은 후속 연구를 기대한다.

상대적으로 수가 적고 통합적이며 각 부류는 최소 2단계, 최대 3단계로 하위 부류가 나뉘는 위계적 분류 체계를 보인다. 그러나 기존 유해류 서적과 비교해 부류 내 구체적인 배열은 정교하지 못하다. 뜻풀이 면에서『漢談官話』에서는 뜻풀이가 제시되지 않고 공백으로 남겨진 경우가 많은데 중국어를 학습하기 위해 유해류 역학서를 사용하는 사람이라면 한자와 한문 지식이 있을 것이라는 전제 하에 표제어를 읽고 의미를 파악할 수 있기 때문으로 짐작된다. 이러한 체제와 수록 어휘 및 뜻풀이 방식의 차이는『漢談官話』가 실용성에 중점을 두고 19세기 말에서 20세기 초 당시 중국어 구어에서 사용되는 단어와 어휘 표현들을 수집, 발간한 민간 발행 유해류 역학서라는 데에 기인하는 것으로 보인다.

4.『漢談官話』의 음운 특징

『漢談官話』의 음운 특징에 대한 연구로는 성모에 대한 분석 연구가 몇몇 이루어진 바가 있다. 먼저, 유재원(2005)은 현대 표준중국어 성모에 해당하는 표기에 대한 정량적 분석을 실시했고, 유기음과 무기음 표기가 혼동된 경우나, 평음이 경음으로 반영된 경우, 端組의 성모자 'ㅈ'이나 'ㅊ'으로 표기된 예, 諧聲 聲府를 따르는 등 일부 정칙에서 벗어난 예가 있는데, 이는 편찬자의 독음 숙지에 기인한다고 주장하였다. 서미령(2018)은 전체 성모 역음(譯音) 표기의 정량적 연구를 통해 앞선 연구와 비슷한 결론을 얻었으나, 더 나아가 동일계열의 필사본인『華語』와의 비교를 통해 두 문헌에 쓰인 역음이 비슷함을 증명하였다. 그러나 기존 연구에서는『漢談官話』에서 나타나는 來母가

‘ㄴ’으로 표기되는 현상, 日母가 ‘ㅇ’으로 표기되는 현상, 見組가 ‘ㄱ’, ‘ㅋ’ 등 구개음화 되기 전의 음으로 표기되는 현상 등 예외적인 현상에 대한 분석이 자세히 이루어지지 않았다. 『漢談官話』에 사용된 역음의 이러한 성격을 정확히 규명하기 위해서는 사역원 편찬의 유해류와 19세기에서 20세기 초에 이르는 시기에 편찬된 중국어 학습서와의 통시적이고 종합적인 비교가 이루어져야 한다. 따라서 이번 장에서는 기존에 편찬된 유해류 이외에도 동시기에 편찬된 중국어 학습서의 역음 및 관화 방언 자료에 나타난 음운 특징과 비교분석하되, 예외적인 표기를 중심으로 다루도록 하겠다.

1) 見組 성모의 주음

[표 5] 『譯語類解』·『華語類抄』·『漢談官話』 見組 성모 주음 비교

보통화 성모	『譯語類解』[16]		『華語類抄』		『漢談官話』	
tɕ	ㄱ	九, 季, 驚, 覺, 擧	ㄱ	菊, 苣, 譎	ㄱ	九, 俱
			ㅅ	繮	ㅈ	擧, 季
	ㄲ	舊, 舅, 臼, 郡, 懼	ㅈ	急, 吉, 計, 季, 家	ㅋ	驚

『漢談官話』에서는 見組의 성모가 구개음화 된 ‘ㅈ’으로 쓰인 경우도 있으나 구개음화 되기 전의 형태인 ‘ㄱ’(혹은 ‘ㅋ’[17])으로 나타나는 것이 특징이다. 조선시대 역학서에서 見組 細音字 성모의 주음에 ‘ㅈ’이 최초로 등장하는

---

16 『譯語類解』의 좌음은 중국어를 표기하기 위해 만들어진 훈민정음으로 주음된 중국음, 우음은 국어에 사용된 자모로 쓴 중국음을 반영하고 있는데, 본고에서는 좌음을 기준으로만 나열한다.

17 『漢談官話』에서 ‘驚’의 성모가 ‘ㅋ’으로 표기되었는데, 이는 見母이므로 북방화 변화 규율에 따르면 ‘ㄱ’으로 표기하는 것이 맞다.

것은 『老乞大新釋諺解』(1763)가 지어진 18세기 중반이다.[18] 이후 편찬된 『朴通事新釋諺解』(1765), 『重刊老乞大諺解』(1795)에서는 見組字의 성모가 모두 'ㄱ'(혹은 'ㅋ')과 'ㅈ'이 혼용되어 나타난다. 『譯語類解』는 17세기 후반에 편찬되었으므로 見組 성모는 'ㄱ', 'ㅋ', 'ㄲ'으로만 표기되었다. 『漢談官話』와 비슷한 시기에 편찬된 『華語類抄』에서는 대부분의 見組字 성모가 'ㅈ' 혹은 ㅊ'으로 나타나며, '筧', '菊', '苣', '譎', '繮', '闕'와 같은 일부 소수의 글자의 성모가 'ㄱ'(혹은 'ㅺ')로 전사되었다. 藤堂明保(1960)는 見組의 구개음화가 18세기에서 시작되어 19세기에 완성되었다고 보았는데, 이에 따르면 『漢談官話』는 見組가 완전히 구개음화 되지 않은 상태를 보여준다고 해석할 수 있을 것이다. 그런데 여기서 의문을 제기할만한 것은, 1930년대 쓰인 '滿洲語', 즉 만주국이 위치했던 지역의 방언인 동북 방언을 기반으로 작성된 20세기 초의 문헌 『速修滿洲語自通』(1934), 『滿洲語問答會話集』(1935), 『漢日鮮滿新字典』(1937) 등에서도 見組字의 'ㄱ' 혹은 'ㅋ'을 이용해 전사하고 있어 이것이 구개음화의 미완성을 보여주는 것인지, 동북 방언의 특징을 보여주는 것인지를 확인할 필요가 있다.

[표 6] 『速修滿洲語自通』·『滿洲語問答會話集』·『漢日鮮滿新字典』 見組 성모 주음 비교

『速修滿洲語自通』	『滿洲語問答會話集』	『漢日鮮滿新字典』
ㄱ(敎), ㅋ(起), ㅎ(行)	ㄱ(久), ㅈ(九), ㅋ(去), ㅊ(起), ㅎ(學), ㅅ(行)	ㄱ(京), ㅋ(其), ㅎ(學)

위 책의 저자들은 見組가 'ㄱ', 'ㅋ'과 같이 소리 나는 것에 대해서 이를
'산동 지역의 발음(山東音)'이라 지칭하였다. 사실 당시 동북 지역에서 쓰인
방언음을 '산동음'이라 지칭하고 見組를 연구개음 계열로 기록한 예는 당대
일본인에 의해 편찬된 중국어 교재에서도 나타난다. 예를 들어, 일본인 青砥
頭夫가 쓴 『支那語の講義』(1910)에서 '機'가 'キ(ki)', '價'가 'キヤ(kia)', '見'이
'キエン(kien)'으로 주음되었다.[19] 이 책의 저자는 "만주음은 산동의 말이라
할 수 있다. 만주에는 山東, 山西, 直棣 각성에서 이민 온 사람들이 많은데,
북경음과의 차이가 가장 큰 것은 산동의 말이다. 산동음으로 만주음을 대표
하는 것은 이와 같은 이유이다"[20]라고 하였는데, 이에 대해 鄒德文(2016)은,
"산동의 말을 동북 방언의 대표로 삼는 것은 두 방언이 역사적으로 밀접한
관련이 있다는 것을 보여주기는 하지만, 완전히 동일시하는 것은 말이 안
된다. 산동의 말이라 할지라도 내부에 차이가 존재하며, 동북 지역에 와서는
삼대(三代)가 지나지 않아, 본래의 특색을 상실하기 때문이다"[21]라고 했다.
실제로, 19세기 말 『山東方言志』에서는 見組의 성모가 모두 구개음화하여(張
續龍 2018) 당시 동북 방언음의 예와는 차이가 난다. 또한 다음절에서 상세하
게 기술하겠지만 『漢談官話』에서는 日母가 영성모로 발음되는 동북 방언의
특징이 나타난다. 『漢談官話』와 동시대에 비슷한 체제로 쓰여진 『中華正音』,
『騎着一匹』, 『華音撮要』과 같은 책에서는 모두 일부 見組字의 성모가 'ㄱ',

---

19 鄒德文(2016), 『淸代東北方言語音硏究』, 北京: 中國社會科學出版社, pp.152-153 참조.

20 "滿洲音其實可以看做是山東話, 很多滿洲的支那人是山東、山西、直棣各省的移民者, 三省
   所講的話與北京音差異很多的屬山東話最為明顯。所以山東音直接代表滿洲音是這個理由。"

21 "用山東話代表東北話, 其實上只能説明這兩種兩種有歷史淵源且關繫親密, 完全代替是荒唐
   的, 即使是山東話, 也還有內部差別, 山東話到了東北, 不出三代, 一定會失去本色。"

‘ㅋ’로 나타나는데, 日母가 영성모로 발음되는 특징도 동시에 나타나는 것으로 보아[22] 이는 구개음화가 미완성인 상태를 반영하였다기 보다는 당시 동북 방언의 영향을 받은 것으로 추측된다.[23]

2) 日母가 영성모로 주음된 예

[표 7] 『譯語類解』·『華語類抄』·『漢談官話』 日母 성모 주음 비교

보통화 성모	『譯語類解』		『華語類抄』		『漢談官話』	
ㄓ	△	日, 人, 熱, 絨	ㅇ	日, 人, 熱, 絨	ㄹ	然, 熱, 潤, 絨,
					ㅇ	熱, 容, 人, 認, 日

사역원에서 편찬된 중국어 역학서에서 日母의 성모는 줄곧 ‘△’로 표기되었다. 『華語類抄』에서는 모두 ‘ㅇ’으로 표기되었고, 『漢談官話』에서는 일부가 ‘ㄹ’로 표기되었고 일부는 ‘ㅇ’으로 표기되었는데, ‘ㅇ’으로 표기된 예가 ‘ㄹ’로 표기된 예의 두 배에 달한다(유재원 2015:117). 동시대 편찬된 『中華正音』, 『騎着一匹』, 『華音撮要』에서도 日母는 ‘ㅇ’과 ‘ㄹ’로 표기되었는데 ‘ㅇ’으로 표기된 예가 더 많이 출현한다. 日母를 ‘ㄹ’로 전사한 것은 저자의 청각 영상에서 日母의 발음이 한국어의 ‘ㄹ’과 가까웠기 때문으로 추측된다. 그러나 ‘ㅇ’으로 전사한 예는 사역원의 중국어 역학서에서부터 소수 등장하는데, 康寔鎭(1985)은 16세기 한국어에서 ‘△’음이 사라지면서 이에 대한 변별력이 사라져 이를

---

22 유재원(2014), 「『華音撮要』 중국어성모 한글표음에 관한 고찰」, 『중국학연구』 제69집, p.198; 서미령(2013), 「華峰文庫『中華正音』 한국어 표기 고찰」, 『중국어문학논집』 82집, pp.77-104 참조.

23 서미령(2013) 역시 見組字의 성모가 ‘ㄱ’, ‘ㅋ’로 기록되거나, 日母가 ‘ㅇ’으로 쓰인 예를 동북 방언음의 영향으로 보았다.

‘ㅇ’으로 주음 한 것이라 보았고, 姜信沆(1978)은 권설음을 나타낼 자모가 없었기 때문이라고 하였으며, 유재원(2003)은 18세기 동북 방언의 영향을 받은 북경음을 반영한 것이라 주장하였다. 필자는 『漢談官話』에서 ‘ㅇ’을 ‘ㄹ’로 전사한 것이 북경음이 아닌 동북 방언음의 직접적인 영향을 받은 것이라 본다. 먼저 위에서 예로 든 『速修滿洲語自通』, 『滿洲語問答會話集』이나 『漢日鮮滿新字典』 등 만주어 교재에서 日母의 성모를 ‘ㅇ’으로 표기하여 동북 방언에서 20세기 초까지도 日母를 영성모로 읽었다는 것을 확인할 수 있다. 한편 우리 선조들은 예로부터 북경음을 중국의 표준음으로 인지하였다. 『洪武正韻譯訓·序』에서는 북경은 모든 직업과 남녀노소가 모이는 곳으로 이곳의 음이 정속(正俗) 판별의 기준이 되었다고 하였고,[24] 19세기 말에서 20세기 편찬된 중국어 회화서에서도 중국의 표준어가 북경 방언이라고 하는 기술이 등장한다. 『速修漢語大成』에서는 관화(官話, 표준어를 의미)가 북경말이라 했고, 『中語大全』에서는 표준어가 ‘북평(北平) 관화’라 하였으며, 『漢語指南』에서는 북경사람과 말할 수 있으면 중국 전역에서 의사소통이 가능하다고 하였다. 이와 같이 우리 선조들이 중국의 표준어를 북경 방언이라고 인식한 기록들을 찾아볼 수는 있으나, 실제로 음운 관련 저작을 편찬할 때는 표준음과 방언음을 엄격히 구별하지 않은 경우도 있었던 것으로 추측된다. 조선시대에도 운서 편찬 시 요동(遼東) 지역에 가서 질정(質正)했다는 기록들로 보아[25] 한자의 중국어 발음을 전사하는데 이 지역의 음을 참고했음을 알 수 있다.

---

24 “然語音旣異, 傳訛亦甚, 乃命臣等, 就正中國之先生學士. 往來至于七八, 所與質之者若干人. 燕都爲萬國會同之地, 而其往返道途之遠, 所嘗與周旋講明者又爲不少, 以至殊方異域之使, 釋老卒伍之微, 莫不與之相接, 以盡正, 俗異同之變.”

25 “遺集賢殿副修撰申叔舟, 成均注簿成三問, 行司勇孫壽山于遼東. 質問韻書.”

19세기 이후 민간에 의한 중국어 교재 편찬이 활발해지면서, 중국의 표준음인 정음(正音)과 방언음에 대한 구분이 엄격하지 않은 저자에 의해 주음 시 동북 방언음의 영향을 받는 일도 빈번했을 것이다. 다만 이 과정에서 日母의 성모를 한국 한자음에서 'ㅇ'으로 읽는 것이 중국어 학습서에서 日母를 'ㅇ'으로 기록하는 것을 더욱 촉발했을 가능성이 있다. 다음 절에서 살펴보겠지만, 한국 한자음에서 보이는 泥娘母와 來母의 혼동 현상, 端組의 구개음화가 『漢談官話』에서도 동일하게 출현하기 때문이다.

3) 泥娘母와 來母 성모 표기의 혼동

[표 8] 『譯語類解』·『華語類抄』·『漢談官話』 泥娘母, 來母 성모 주음 비교

보통화 성모		『譯語類解』		『華語類抄』		『漢談官話』[26]
n	ㄴ	那, 南, 能, 牛	ㄴ	南, 男	ㄴ	那, 南, 男, 能, 呢, 牛, 你
			ㄹ	嫩, 濃, 暖	ㅇ	娘, 念, 尿, 泥
					ㄹ	那, 弄, 腦
l	ㄹ	兩, 例, 冷, 李	ㄹ	來, 冷, 李, 六	ㄴ	藍, 冷, 兩, 六, 李, 裡
					ㅇ	兩, 例
					ㄹ	樂, 落, 來, 冷, 亮, 老, 李, 裡

본래 사역원 편찬 역학서에서 泥娘母는 'ㄴ', 來母는 'ㄹ'에 대응되는데,

---

26 『漢談官話』에서 '年'의 성모를 'ㅍ'으로 표기한 예, '來'의 성모를 'ㅇ'으로 표기한 예, '疆'을 'ㅈ'으로 표기한 예가 등장하나, 이는 오기로 판단하여 표 안에 포함시키지 않았다.

『漢談官話』에서는 泥娘母가 'ㄹ'로 표기되거나 來母가 'ㄴ'으로 표기된 예가 출현한다. 먼저 來母의 한자를 'ㄴ'으로 발음하는 것은 당시 우리나라 사람들의 자주 범하던 발음의 오류로, 최세진은 『飜譯老乞大·凡例』第六條에서 "來母 初聲은 혀를 튕겨서 소리를 내면 된다. 처음 배우는 사람 중 泥母와 혼동하여 발음하는 자가 있는데, 잘못된 것이다.(來母初呼, 彈舌作聲可也. 初學與泥母混呼者有之, 誤矣.)"라 하였다. 『漢談官話』에서 來母를 'ㄴ'으로 표기한 예를 보면, "偏冷(편능)", "狠冷(헌능)", "收拾行李(쉬시힝니)", "令郎機位(링낭지위)"와 같이 앞 글자의 받침이 'ㄴ', 'ㅇ'인 경우가 많아, 'ㄴ', 'ㅇ' 뒤의 來母가 비음화되는 현상을 반영한 것으로 판단된다.[27] 한편 『漢談官話』에는 泥娘母를 'ㄹ'로 표기한 예도 발견된다. '弄'은 본래 來母字로 『洪武正韻』과 『音韻闡微』같은 정음을 기록한 운서에서도 來母에 배열되어 있으므로 여기에서 'ㄹ'로 기록한 것을 수긍할 수는 있으나, '那'나 '腦'가 'ㄴ'으로 반영된 예는 설명하기 어렵다. 『華語類抄』에서도 泥娘母가 'ㄹ'로 표기한 예가 소수 발견된다. 한자를 발음하는데 당시 우리나라 사람들이 'ㄴ'과 'ㄹ'을 서로 혼동해서 발음했을 가능성을 제기해볼 수 있으나 증거의 부족으로 확언하기는 어렵다. 이에 대해서는 추후 더 심도 있는 연구를 진행할 것이다.

4) 端組와 精組 성모 표기의 혼동

사역원 역학서에서 端母, 透母, 定母는 'ㄷ', 'ㅌ', 'ㄸ'로 전사되어 있고,

27　자음 뒤 來母가 비음화되는 현상은 16세기 이후 한국한자음을 기록한 『訓蒙字會』, 『光州版 千字文』, 『新增類合』, 『石峰 千字文』과 같은 문헌에서도 동일하게 출현한다. 이진호 (1999), 「중세국어 한자 학습서의 來母 初聲 표기 양상」, 『한국문화』 23호, pp.32-60.

精母, 淸母, 從母는 'ㅈ', 'ㅊ', 'ㅉ'로 전사되어 있다. 한편 19세기 이후 문헌인 『華語類抄』, 『中華正音』, 『寄着一匹』 등에서 精組는 모두 국어에 쓰이는 'ㅈ' 혹은 'ㅊ'으로 전사되었다. 그런데 『漢談官話』에서는 端組의 대부분이 'ㅈ' 혹은 'ㅊ'으로 기록되고, 소수 精組의 성모가 'ㄷ'나 'ㅌ'로 기록되었다.

[표 9] 『譯語類解』·『華語類抄』·『漢談官話』 端組, 精組 성모 주음 비교

보통화 성모	『譯語類解』		『華語類抄』		『漢談官話』[28]	
t, t'	ㄷ	的, 點, 顚	ㄷ	底, 的, 點, 定	ㅈ	底, 的, 顚, 點, 定, 頂, 地
			ㅌ	他, 太, 土	ㅌ	擔, 大, 打
	ㄸ	大, 動, 地	ㅊ	涂	ㄸ	動
	ㅌ	他, 土, 體			ㅊ	跳, 亭, 停, 廳, 體, 貼
tɕ, tɕ'	ㅈ	早, 子, 左	ㅈ	早, 子, 左	ㅈ	濺, 進
	ㅉ	字, 造, 罪	ㅊ	菜, 參, 草	ㅌ	千, 泉
	ㅊ	草, 七, 寸				

『譯語類解』에서 端組가 'ㅈ' 혹은 'ㅊ'으로 기록된 예는 출현하지 않으며, 『華語類抄』에서는 '涂' 한 예만이 출현한다. 그러나 『漢談官話』는 대부분의 端組가 'ㅈ' 혹은 'ㅊ'으로 기록된 것이 특징이다. 端組의 위 글자들은 현재 한국 한자음에서 초성이 'ㅈ' 혹은 'ㅊ'이다. 한국 한자음에서 이들이 'ㅈ', 'ㅊ'으로 구개음화된 것은 『倭語類解』에 최초로 관찰되며 17세기에서 18세기 교체기에 일어났다(이기문 1998: 207-208). 따라서, 『漢談官話』에서 端組가 'ㅈ'

---

28 이외 『漢談官話』에서 '地方官(미방관)', '獨木橋(무무촤)'와 같이 端組 성모를 'ㅁ'으로 표기한 예도 발견되나, 이는 표기 오류로 판단하여 표 안에 기입하지 않았다.

혹은 'ㅊ'으로 기록된 것은 한국 한자음의 구개음화 현상의 영향을 받은 것으로 판단된다. 이밖에 소수 精組의 성모가 'ㄷ'나 'ㅌ'으로 기록된 예가 출현한다. 이에 대해서는 다음과 같은 가능성을 제기해볼 수 있다. 먼저, 중국 한자음과 한국 한자음의 구분을 명확하게 하지 못하는 저자가 端組와 精組 성모를 정확히 구분하지 못해 일어난 오류일 가능성이다. 또, 이는 16세기 이후 한국어에서 일어난 ㄷ구개음화의 과도교정과 관련이 있을 가능성이 있다. 이 과도교정은 i, j 모음 앞에서 'ㄷ', 'ㅌ'과 'ㅈ', 'ㅊ'이 교체된 현상을 언중이 구별하지 못하고, 사회적 비권위어인 구개음화의 형태를 회피하고자 일어난 현상이다. 김주필(2015)의 예시에 의하면 1669년 『語錄解』에서 '正當ᄒ다'를 '뎡당ᄒ다'로, 1571년에서 1573년에 간행된 『村家救急方』에서 '指南石'을 '디남셕'으로 표기하였는데, 이는 당시 한국한자음에서도 과도교정이 일어났음을 의미한다. 앞 절에서 논의한 'ㄴ', 'ㅇ' 뒤의 來母가 비음화되는 현상이 한국한자음에 영향을 받았듯이, 精組의 성모를 'ㄷ'나 'ㅌ'으로 기록한 것도 한국한자음의 과도교정에 영향을 받았으리라는 가정을 해볼 수 있다. 그러나 이는 동시대 중국어를 기록한 문헌에서 보편적으로 보이는 현상이 아니므로, 추후 더 유사한 사례가 수집되어야 더욱 심도있는 논의가 가능할 것이다.

5) 兒化韻의 표기

『漢談官話』에서 兒化韻의 표기는 '아', '알', '라', 'ㄹ' 혹은 앞 음절에서 'ㄹ' 종성으로 기록된 경우로 나눌 수 있다. 이를 정리하면 다음과 같다.

[표 10] 『譯語類解』·『華語類抄』·『漢談官話』 '兒' 주음 비교

『譯語類解』		『華語類抄』		『漢談官話』	
슬	月兒, 參兒, 幹兒, 低些兒	얼	所以不像從前起早來的時候兒, 是一點兒不錯, 哥兒們, 如中國一點兒不錯啊	아	底些兒, 今兒個
				알	府上那兒, 飯菜兒
				라	你們那邊兒, 我們這塊兒, 大後兒個
				ㄹ	就一嘴話的得兒那, 一點兒不錯
				앞 음절 ㄹ 종성	味兒(울○)不對, 多兒(돌○)錢一擔, 沒那兒(날○)樣規矩

　　『漢談官話』에서 '兒'에 대한 주음은 모두 43회 출현한다. 이 중 '라'로 주음 된 것이 총 25회(58.13%)로 가장 많았고, 앞 음절의 ㄹ 종성으로 실현된 예가 총 7회(16.27%), '아'로 주음 된 예가 총 5회(11.62%)로 나타났다. 王力(1980/2006)는 『西儒耳目資』에서 '兒'가 ɯ韻에 귀속되어 있고, 『等韻圖經』에서 '兒'가 影母에 속해있는 것을 근거로 '兒'이 17세기 말 ər로 읽혔다고 주장한 바 있는데, 우리나라에서 17세기 말 편찬된 『老乞大諺解』에서는 '兒'를 '슬', '슬'로, 『朴通事諺解』에서는 '올', '을'과 같이 ㄹ 종성이 있는 형태로 전사된 것을 관찰할 수 있다. 『漢談官話』에서도 '알'이나 앞 음절에 ㄹ 종성을 추가하는 형태의 유사한 주음이 출현한다. 그러나 '라'와 같은 동시대 문헌에서는 전혀 출현하지 않은 새로운 형태가 쓰였고, 심지어 대부분이 '라'로 기록되었다. 이 중에는 종결어미 '啦'와 대응되는 예가 관찰된다. 예를 들어, "甚麽時候兒", "点燈時候兒"과 같은 경우이다. 그러나 "前兒個", "明兒個", "味兒這貞樣" 등과 같이 '啦'와 전혀 관계없는 경우에도 '라'로 주음 된 경우가 대다수이다. 이와 같이 주음된 것에 대해 두 가지 원인을 추측해 볼 수 있다. 첫째, 저자의

청각 영상에서 '兒'가 '라'에 가까웠을 가능성이다. 둘째, '啦'와 '兒'를 제대로 구별할 줄 모르는 저자가 '兒'에 대해 모두 '라'로 썼을 가능성이다. 두 가지 가능성 모두 저자의 심음(審音) 능력 부족에 기인한 것으로 보인다.

전체적으로 보았을 때, 앞서 열거한 일부 예외적 특성을 제외하면『漢談官話』에서 보이는 성모나 운모의 주음이 동시대 문헌에서 보이는 주음과 크게 차이가 나지 않으므로, 중국어 근대음 연구에 있어서의『漢談官話』의 자료적 가치를 폄하할 수는 없다. 그러나 端組의 대부분을 한국 한자음의 구개음화 현상에 따라 'ㅈ', 'ㅊ'으로 기록하고, 來母를 'ㄴ'으로 쓰며, 반드시 ɻʅ로 읽혔을 '兒'를 '라'로 주음 한 예를 보면 저자가 중국어 음운에 전문적 지식을 가진 사람이었다고 보긴 어렵다. 동시대 중국음을 전사한 여러 문헌의 주음을 참고하여 적었을 수도 있고, 중국 사람이나 중국어를 잘 아는 사람의 발음을 듣고 따라 적었을 수도 있다. 어쨌든 부족한 음운 지식을 보충할 만한 엄격한 심음, 감수 과정도 거치지 않았기 때문에 위와 같은 예외적인 현상이 나타나게 되었다고 판단된다.

6) 복운모의 표기

『漢談官話』에는 서로 다른 운모에 대해 동일한 한글 모음을 사용하여 주음한 특징도 보인다. 이러한 경향은 'o'와 'u'가 결합된 복운모에서 두드러진다.

[표 11]『漢談官話』에 나타나는 'o'와 'u'가 결합된 복운모 표기

ㅗ	uo(昨, 조/托, 토/過, 고), ou(走, 조), au(勞, 로)
ㅜ	uo(落, 루), ou(后, 후/都, 두/頭, 투)
ㅠ	uo(做, 쥬), ou(走, 쥬/嗽, 슈)

사역원 역학서에서는 '昨', '落'과 같은 宕江攝 入聲字나 '托', '過'와 같은 果攝字의 우음 운모가 'ㅗ'로 기록되었으며, '走', '后', '都'와 같은 流攝字의 운모가 'ㅜ'로 기록되었다. 그런데 19세기 이후 민간에서 편찬된 중국어 학습서에서 이 글자들의 운모는 매우 복잡한 양상으로 나타난다. 『中華正音』에서는 '托', '落'과 같은 宕攝字, '多', '妥', '左'와 같은 果攝字의 운모가 'ㅗ'로, '唾', '做', '過'와 같은 果攝字, '走', '樓', '頭'와 같은 流攝字의 운모가 'ㅜ'로도 기록되었으며,[29] 『華語類抄』에서도 '螺'와 같은 果攝字, '就'와 같은 流攝字의 운모가 모두 'ㅜ'로 쓰였다. /o/는 후설 중고모음이며, /u/는 후설 고모음으로, 모두 후설모음에 속하기 때문에 복운모로 결합되어 발음될 때, 당시 민간학습서 저자들은 체계적인 심음 훈련을 받지 않은 상태에서 운모를 정확히 전사하는데 어려움을 겪었던 것으로 보인다. 또한 당시 운모에 따라 사용된 역음이 구분되지 않은 것은 중국어 학습서 수준의 한계를 보여주는 부분이기도 하다.

7) 기타 특수 독음자

상술한 주음 특징 이외에도, 『漢談官話』에는 기타 유해류에는 존재하지 않는 특수한 독음이 발견된다. 첫째, 현대 표준중국어에서 /n/성모로 발음되는 泥娘母를 영성모로 기록한 것이다. 예를 들어 '小娘'의 '娘'을 '양'으로, '澱泥'의 '泥'를 '이'로 쓴 것이다. 어두에 있어 i, y에 선행한 'ㄴ'의 탈락은

29　김남희(2018), 「『中華正音』에 나타난 譯音表記 및 中國語 音韻特徵 연구」, 이화여자대학교 석사학위논문, pp.52-55 참조.

18세기 우리나라 문헌에서 발견된다.『十九史略諺解』에 '임금'(〈임금)의 예가 보이고, 1782, 1783년 『綸音』에 '일음이라'(謂〈니름), '이르히'(至〈니르히) 등의 예가 보이고, 19세기에는 이러한 현상이 일반적으로 관찰된다(이기문 2021: 209). 따라서『漢談官話』에서 泥娘母를 영성모로 주음한 것은 당시 한국어에 존재했던 ㄴ두음 법칙의 영향을 받은 것으로 추측된다. 둘째,『漢談官話』에서는 '三'을 '쌴'으로 주음하기도 했다. 그런데 '三'을 '쌴'으로 쓴 것은『華音啓蒙諺解』(一簑古495.18-H99g)이나『華語精選』에서도 공통적으로 발견된다.[30] /an/운모를 동시대 역음 자료에서 'ㅑ'운모로 기록한 것은 성모가 권설성모일 때 공통적으로 나타나는 특징인데, '三'을 '쌴'으로 쓴 것은 당시 '三'이 /s/성모가 아닌 /ʂ/와 같은 권설성모로 읽혔을 가능성을 보여준다. 오늘날 北京官話의 興城型에서는 '蘇'와 같은 心母를 /ʂ/로, 吉林型에서는 /s/ 혹은 /ʂ/로 읽는데 당시에도 이와 같이 읽었을 가능성을 제기해볼 수 있다.[31]

전체적으로 보았을 때, 위에서 열거한 일부 예외적 특성을 제외하면『漢談官話』에서 보이는 성모나 운모의 주음이 동시대 문헌에서 보이는 주음과 크게 차이가 나지 않으므로, 중국어 근대음 연구에 있어서의『漢談官話』의 자료적 가치를 폄하할 수는 없다. 그러나 端組의 대부분을 한국 한자음의 구개음화 현상에 따라 'ㅈ', 'ㅊ'으로 기록하고, 來母를 'ㄴ'으로 쓰며, 반드시 ɚ로 읽혔을 '兒'를 '라'로 주음 한 예를 보면 저자가 중국어 음운에 전문적 지식을 가진 사람이었다고 보긴 어렵다. 동시대 중국음을 전사한 여러 문헌의 주음을 참고하여 적었을 수도 있고, 중국 사람이나 중국어를 잘 아는

---

30 『華音啓蒙諺解』에서 '繼到三品頂戴咧'의 '三',『華語精選』에서 '東三省'의 '三'을 '쌴'으로 주음했다.
31 錢曾怡(2010),『漢語官話方言研究』, 濟南: 齊魯書社, 2010, pp.76-77 참조.

사람의 발음을 듣고 따라 적었을 수도 있다. 어쨌든 부족한 음운 지식을 보충할 만한 엄격한 심음, 감수 과정도 거치지 않았기 때문에 위와 같은 예외적인 현상이 나타나게 되었다고 판단된다.

5. 나오며

'유해류'라 불리는 어휘집은 중국어 어휘와 그에 상응하는 한국어 어휘를 나란히 배열한 대역(對譯) 어휘집으로, 회화서들로부터 학습할 수 없는 좀 더 다양한 어휘를 보충적으로 학습하기 위해 편찬되었다. 사역원에서 최초의 유해류 서적인 『譯語類解』(1690)가 편찬된 이후, 80여 년이 지나 이를 보충한 『譯語類解補』(1775)가 편찬되었다. 19세기 이후에는 중국어 학습서의 편찬 주체가 민간으로 바뀌면서 『華語類抄』, 『漢語抄』, 『華語』, 『漢談官話』와 같은 여러 유해류 서적이 편찬되었다. 이들은 모두 기본적으로 '天', '地', '人'의 대주제 아래 여러 소주제로 나누어 중국어 어휘를 나열 후 언문으로 주음하고 언해문으로 번역했다는 특징을 갖는다. 일제강점기에는 유해류 서적이 별도로 편찬되지 않고 기존 유해류 서적과 동일한 체제를 유지하며 회화서 안에 함께 수록되었다. 유해류 서적은 한중 양국 언어의 어휘·음운 변천사 연구에 매우 중요한 가치를 지니며, 근현대시기 한·중·일의 한자 어휘의 영향 관계를 파악하는 데도 근거 자료로 쓰일 수 있다는 높은 연구적 확장성 을 지닌다.

『漢談官話』는 저자 미상의 1권 1책의 필사본이며, 18개의 주제로 나누어 총 613개 어휘를 수록하였다. 첫 페이지에 대한 짧은 기록으로, 본래 저자의 부친이 작성한 것을 아들이 任寅年(1902년 추정)에 옮겨 적은 것을 알 수 있다. 『漢談官話』는 기존의 유해류 서적과 비교했을 때 어휘 분류의 통합과 어휘 개수의 축소가 이루어졌다. 『譯語類解』는 총 4,690개의 어휘를 62개 부로 나누어 싣고 있고, 『華語類抄』는 어휘 수를 반으로 줄였으나, 어휘 분류와 배열에 있어서 마지막 '瑣說'을 삭제하고 중국 지명인 '十八省', '東三省'을 더했다. 그러나 『漢談官話』는 대개 천문으로 시작하는 다른 유해류와 달리 인사·관직 관련 어휘로 시작하고 있으며, 613개 어휘를 선별하여 17개 부와 1개 류, 총 18개로 분류하여 수록하였다. 특히 마지막 부분의 '一字部', '不字部', '長語類' 3개 부류는 일상생활에서 주로 쓰이는 구어체의 어휘, 어구, 문장 표현을 실었다. 이뿐만 아니라 어휘 분포도 기존 유해류에서 높은 비율을 차지했던 각종 산업, 이동 수단, 동식물의 종류를 단순 나열한 어휘의 수를 줄이는 대신 실제 사회생활 및 생활양식과 직접적으로 관련된 인사, 계급, 행동, 도구, 표현의 어휘를 선별하고 더하였다는 측면에서 역관(譯官)이라는 특정 신분의 중국 학습만을 위함이 아닌 민간 차원의 교류를 위한 중국어 학습의 실용성과 실제성을 높였다고 평가할 수 있다.

『漢談官話』는 일종의 외국어 학습 사전으로서 어휘 부류 및 뜻풀이의 형식과 내용 측면에서 기존 유해서의 전통을 계승하면서도 혁신을 꾀하였다. 표제어 항목은 의미의 상관관계에 따라 연관성이 있는 표제어끼리 가깝게 배열되어 자연스럽게 중분류, 소분류를 이루었다. 뜻풀이 유형은 첫째, 표제어에 상응하는 한자어 대역어 제시한 경우, 둘째, 표제어의 용법과 기능을 설명한 경우, 셋째, 표제어의 뜻을 문언문으로 설명한 경우 세 가지로 나뉘는데, 이 중 표제어의 뜻을 문언문으로 설명한 경우는 다시 표제어의 일부 한자 의미를 더 쉽고 익숙한 의미의 한자를 이용해 설명한 경우와 당시 중국어 구어인 표제어의 형태소에 대응하는 동일한 문언 한자와 문언문으로 풀이한 경우로 나눌 수 있다. 이는 유해류 서적에서 외국어의 뜻풀이에 당시 사용자가 비교적 쉽게 이해할 수 있는 언문(諺文) 대역어(즉 당시의 한국어)와 한자 및 한문을 이용한 것이다.

『譯語類解』,『華語類抄』의 분류 목록은 매우 세부적인데 비해,『漢淡官話』의 부류는 포괄적이고 통합적이다. 이는『漢談官話』의 저자가 독자적인 시각에서 어휘를 수집, 분류했음을 보여준다. 한편『漢談官話』와『華語類抄』에 공통으로 수록된 표제어는 63개로『漢談官話』 전체 어휘 수의 약 10.2%,『華語類抄』 전체 어휘 수의 약 2.8%를 차지하여 형식과 내용 면에서 큰 차이를 보인다. 특히 공통 표제어가 없는 動靜部(附瑣說), 不字部, 一字部, 長語類는 모두 구어적 성격이 강한 표제어로 구성되어 있다는 점에서『漢談官話』가 당시 중국어 구어 표현을 중시하여 중국어를 이용한 실제 의사소통에서 사용하기 수월하도록 구성했으며 기존 유해류 역학서를 보완한 실용적인 성격의 역학서임을 재확인할 수 있다. 뜻풀이 면에서『漢談官話』에서는 뜻풀이가 제시되지 않고 공백으로 남겨진 경우가 많은데 중국어를 학습하기 위해 유해류 역학서를 사용하는 사람이라면 한자와 한문 지식이 있을 것이라는 전제 하에 표제어를 읽고 의미를 파악할 수 있기 때문으로 짐작된다.

주음 면에서『漢談官話』에는 見組 성모가 일부 구개음화 되기 전의 형태인 'ㄱ', 'ㅋ'으로 기록된 예와 日母가 영성모로 기록된 예가 보이는데 이는 동북 방언의 영향을 받은 부분이다. 또한, 來母를 'ㄴ'으로 주음 한 것은 한자음을 학습하는 사람들이 범하는 오류였으며,『漢談官話』에서 端組가 'ㅈ' 혹은 'ㅊ'으로 기록된 것은 한국 한자음에서의 구개음화 현상의 영향을 받은 것으로 판단된다. '兒'은 '아', '알', '라' 혹은 앞 음절의 ㄹ 종성으로 쓰이기도 했는데,

이 중 '라'로 표기한 원인은 저자의 청각 영상에서 '兒'에 가까웠을 가능성과 '啦'와 '兒'를 제대로 구별하지 못한 저자가 '兒'에 대해 모두 '라'로 썼을 가능성을 제기해볼 수 있다. 전체적으로 보았을 때,『漢談官話』에 한국 한자음의 간섭을 받은 부분이나, 來母를 'ㄴ'으로 쓰며, 반드시 ɚ로 읽어야 하는 '兒'를 '라'로 주음 한 예를 보면 저자가 중국어 음운에 전문적 지식을 가졌다고 보기 어렵다.

『漢談官話』는 체제, 형식, 어휘, 뜻풀이 면에서 전반적으로 기존 유해류 서적과는 뚜렷한 차별성을 보이는, 혁신적인 성격의 유해류 서적이라고 평가할 수 있다. 다만 주음에 출현하는 일부 예외적인 현상이 이 책의 완성도에 영향을 미친다고 볼 수 있으나,『漢談官話』는 여전히 근현대 한중 두 언어의 역사적 연구에 있어 매우 중요한 가치를 지닌다. 본 연구가 유해류 서적을 통한 중국어와 한국어 어휘의 공시적, 통시적 특성을 좀 더 총체적이고 상세하게 규명하는데 일조할 수 있기를 바란다.

『한담관화』의 디지털화 과정

1. 조선시대 漢學書 데이터베이스 구축과 『漢談官話』 디지털화의 의의

한국데이터사업진흥원의 정의에 따르면 '데이터베이스(database)'란 문자, 기호, 음성, 화상, 영상 등 상호 관련된 다수의 콘텐츠를 정보 처리 및 정보통신기기에 의하여 체계적으로 수집·축적하여 다양한 용도와 방법으로 이용할 수 있게 정리한 정보의 집합체를 의미한다. 현대에는 한 분야의 정보를 수집해 정리해 놓은 모든 것을 '데이터베이스'로 총칭하는 경향이 있다.

조선시대 한학서를 대상으로 데이터베이스를 구축한 예는 국립중앙도서관, 서울대규장각 한국학연구원, 디지털한글박물관 등의 예를 들 수 있다. 이 데이터베이스의 대부분은 기관 내 소장자료의 원본을 컬러 스캔하여 디지털 이미지 형식으로 웹사이트에 업로드하여 누구나 쉽게 자료에 접근할 수 있도록 설계되었다. 이로써 시간과 공을 들여 실물 문헌 자료를 구하는 번거로움에서는 벗어나게 되었으나, 해당 문헌에서 특정 정보를 추출하도록 텍스트를 가공해 데이터베이스로 구축한 것은 아니기에 연구 활용에는 한계가 있다.

위 웹사이트에서 좀 더 진화한, 조선시대 한학서의 내용을 디지털 문서화한 몇몇 예가 존재하는데, 대표적인 예로 〈위키문헌(https://ko.wikisource.org)〉

이 있다. 〈위키문헌〉은 『老乞大諺解』와 『重刊老乞大諺解』, 『譯語類解』 등의 원문과 주음, 언해문 데이터를 제공하나 형식적으로 불완전한 모습을 보이며, 오픈소스의 특성상 불특정 다수에 의해 편집이 가능하다는 점에서 신뢰성과 정확성을 담보할 수 없다. 이와 유사한 데이터베이스로 〈조선시대 외국어 학습서 DB(http://waks.aks.ac.kr/rsh/?rshID=AKS-2011-AAA-2101)〉가 있다. 이는 한국학진흥사업단에서 '조선시대 역학서의 종합적 연구―훈민정음으로 기록된 조선시대 외국어 학습서의 지식정보화'란 제목으로 진행된 사업의 성과물로 최초의 웹 기반 데이터베이스라 할 수 있지만, 이 역시 일부 언해문 부분만이 디지털 가공된 상태로, 실질적인 활용을 위해서는 상당한 보완이 필요하다. 이 외에 국립국어원의 국어 역사자료 종합 정비 사업으로 구축한 '역사자료 종합 정비 결과물'을 보완한 〈한국어 역사자료 말뭉치(https://kohico.kr/)〉가 있다. 이것은 중국어 원문과 언해문을 디지털화하였으나 주음은 포함하지 않았으며, 무엇보다 주요 포털 사이트에서 검색이 불가하고 제한적인 열람만 가능하다는 단점이 있다.

국내에서 조선시대 한학서를 데이터베이스화한 것은 상술한 몇 개 웹사이트에 한정되어 있다. 대체로 원본을 스캔한 이미지 파일을 제공하거나 원문을 디지털 텍스트화한 형태로 데이터 가공 초기 단계에 머물러 있다. 따라서 단순한 자료 열람 외에 사용자의 필요에 따른 데이터 고도화와 분석 및 활용은 매우 제한적이다. 그뿐만 아니라 데이터베이스로 구축된 대부분 자료가 원본의 원문, 언해문, 주음의 일부만을 제공하며 데이터 간의 연계가 이루어지지 않고 있고, 주요 포털 사이트에서 검색되지 않는 것도 데이터베이스의 폭넓은 활용을 제한하는 요소라 할 수 있다.

한편, 조선시대에 편찬된 중국어 교재는 크게 『老乞大』와 『朴通事』로 대표

되는 회화서와 어휘 학습서인 유해류(類解類)로 나뉘며, 유해류 서적의 예로
는 조선시대 사역원에서 1690년 편찬된 최초의 유해류 역학서인『譯語類解』
와 이를 보궐하여 1775년 편찬한『譯語類解補』를 들 수 있다. 19세기에 들어
서는 경제 교류, 무역, 이주, 독립운동 등 다양한 목적을 위해 민간인 저자가
저술한 유해류 서적이 편찬되었는데,『華語類抄』,『漢語抄』,『華語』,『漢談官
話』등이 그 예이다. 이들은 모두 이전에 사역원에서 간행된 유해류처럼
'천체', '시간', '날씨', '지리', '궁궐' 등 주제를 기준으로 어휘를 분류, 배열하
고, 중국어 어휘, 주음, 언해문 풀이를 기록했다는 공통적인 특징을 가진다.
이 중『漢談官話』는 1902년 편찬된 것으로 추정되는 필사본 형식의 중국어-
한국어 대역(對譯) 어휘집이다.

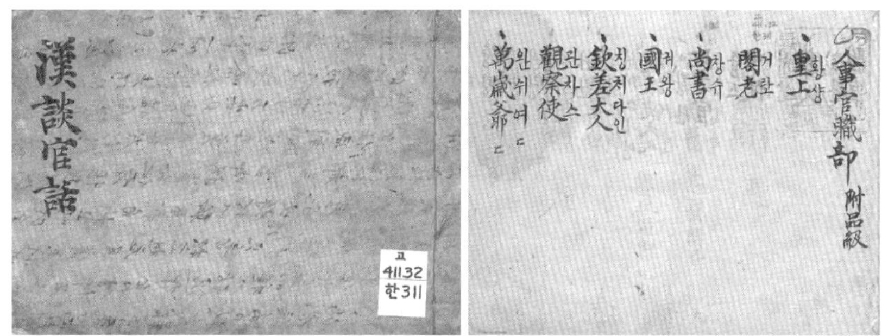

[그림 1] 이화여자대학교 중앙도서관 소장본『漢談官話』표지, 人事官職部 일부

『漢談官話』는 1권 1책 구성으로 총 18개 부류(部類) 613개 어휘를 수록하고
있는데 기존의 유해류에 비해 어휘 분류가 훨씬 단순하고 부류의 내용도
다르다.『譯語類解』와『漢談官話』의 부류와 어휘를 비교, 정리하면 [표 1]과
같다.

[표 1] 『譯語類解』와 『漢談官話』 부류 비교 및 『漢談官話』 어휘 예시

『譯語類解』				『漢談官話』		
部類				部類	어휘 수	어휘 예시
1 天文	19 倉庫	37 疾病	55 技戲	1 人事官職部 附品級	48	皇上, 閣老, 尙書
2 時令	20 寺觀	38 醫藥	56 飛禽	2 天文部	21	天亮, 月亮, 發紅
3 氣候	21 尊卑	39 卜筮	57 走獸	3 地理部	58	東西南北, 道路
4 地理	22 人品	40 算數	58 昆蟲	4 時令部	16	今兒個, 晚上, 鷄叫
5 宮闕	23 敬重	41 爭訟	59 水族	5 寒暄部	55	貴姓, 多大年幾
6 官府	24 罵辱	42 刑獄	60 花草	6 食餌部	23	做飯, 喫飯啊, 燙酒
7 公式	25 身體	43 買賣	61 樹木	7 服飾部	25	官帽, 長袍, 長褂子
8 官職	26 孕産	44 珍寶	62 瑣說	8 器具部	52	圍屛, 平床, 幃子
9 祭祀	27 氣息	45 蠶桑		9 日用部	20	一輛車, 三管筆, 二匹馬
10 城郭	28 動靜	46 織造		10 屋宅部	14	府上, 亭子, 茅舍
11 橋梁	29 禮度	47 裁縫		11 文書部	13	四書, 念書, 文書
12 學校	30 婚娶	48 田農		12 公式部	12	打印, 照例, 事情
13 科擧	31 喪葬	49 禾穀		13 人品部	18	體面, 糊塗, 兒媳婦
14 屋宅	32 服飾	50 菜蔬		14 身體部 附疾病	32	身子高, 啞吧, 瞎子
15 校閱	33 梳洗	51 器具		15 動靜部 附瑣說	110	說話, 說謊, 白話
16 軍器	34 食餌	52 鞍轡		16 一字部	30	輕, 長, 高, 沈, 稠
17 佃漁	35 親屬	53 舟船		17 不字部	43	不怕, 不關, 不行
18 館驛	36 宴享	54 車輛		18 長語類	23	過去北京麼, 今天有事
					총 613개	

　　조선시대 대표적인 유해류 저서인 『譯語類解』와 비교했을 때, 『漢談官話』
는 체재와 어휘 분류 면에서 다음과 같은 차별성을 보인다. 첫째, 수록 어휘
수가 대폭 축소되었다. 『譯語類解』가 총 4,690개 어휘를 수록한 것에 비해

『漢談官話』는 613개 어휘만을 수록하였다. 둘째, 『漢談官話』에 수록된 어휘는 실생활에 활용도가 높은 어휘 위주로 구성되어 있다. 이는 부류의 구성을 보면 알 수 있는데, 책의 마지막 부분에 '一字部', '不字部', '長語類'와 같이 일상생활에서 상용하는 어휘, 어구, 문장을 추가하여 실용성을 높였다. 한편 기존의 유해류는 일반적으로 어휘 분류가 상세하고 어휘량을 늘리려는 목적에서 상용어휘는 물론 학문적이거나 전문적인 용어들이 상당 부분 수록된 데 반해, 『漢談官話』는 기존 어휘부류의 천문(天文), 의례, 조정 및 관료, 연회, 신분, 신앙, 산업, 이동 수단, 동식물과 관련된 전문적이고 상세한 어휘는 수록에서 제외되었고, 이에 따라 어휘부류 또한 기존 『譯語類解』에 수록되었던 算數, 學校, 科擧 관련 어휘가 日用部, 寒暄部, 文書部에 나누어져 수록되는 등 상당히 크게 조정되었다.

　『漢談官話』는 뜻풀이 방식이나 표제어도 기존 유해류 서적과는 다른 독자성이 두드러진다. 첫째, '動靜部', '一字部', '不字部', '長語類'의 부류는 구어적 성격이 강한 표제어로 구성되어 있다. 둘째, 한자어를 사용한 문언문 뜻풀이 부분은 표제어의 일부 한자 의미를 좀 더 쉬운 한자를 이용하여 설명하거나('三品亮藍-亮之稱朗也'), 표제어의 형태소에 대응하는 동일한 문언용 한자와 문언문 통사 구조로 풀이하여('跟班的-侍從人也') 사용자가 쉽게 이해할 수 있는 수준의 뜻풀이를 제시하고자 하였다. 셋째, 일반적으로 유해류에서는 대역어를 사용하여 표제어의 의미를 제시하거나, 대역어 및 메타언어로 설명을 추가하거나, 대역어 없이 메타언어를 추가하는 방식을 취하며 예외적으로 표제어가 한국어에도 사용이 되는 등 별도의 뜻풀이가 필요하지 않을 경우 『譯語類解』는 'ㅣㅣ'로 표시하여 뜻풀이가 표제어와 동일함을 나타낸다. 반면 『漢談官話』는 뜻풀이 부분을 공백으로 놔두었으며 이런 뜻풀이 공백이 차지하는 비율도 상당히 높다. 예를 들어 '人事官職部'에는 총 48개 표제어가 수록되어 있는데 이 중 21개 표제어만이 뜻풀이가 되어 있고 나머지 27개의 뜻풀이는 공백으로 처리되었다. 넷째, 기존 유해류의 수록 어휘와 중복되지 않은『漢談官話』에만 수록된 어휘가 다수를 차지한다. 예를 들어 1886년 편찬된 민간 유해류인『華語類抄』와 비교하면 공통 수록 어휘가 63개에 불과하다. 두 저서의 편찬 시기가 별로 차이가 나지 않는데도 불구하고 공통 어휘의 수량이 많지 않다는 것은『漢談官話』의 독자성을 더욱 부각시킨다.

이상의 논의를 종합하면『漢談官話』는 19세기 말에서 20세기 초 변화한 언어생활을 기반으로 하여 좀 더 실용적인 목적을 강화한, 기존 유해류와는 차별된 독자적 성격의 저서라고 할 수 있다. 따라서『漢談官話』의 내용을 데이터베이스로 구축하는 것은 자료 보존과 연구 측면에서 모두 높은 가치가 있다. 본 연구는『漢談官話』의 전체 원문뿐만 아니라 한자, 언문 풀이, 현대어 번역을 기준으로 검색 결과를 얻을 수 있도록 데이터를 구축하였다. 이렇게 구축한 데이터베이스의 의의는 다음과 같다. 첫째, 우리 옛 문헌의 보존성을 높일 수 있다. 디지털 텍스트로 구축하는 것은 이를 가공하여 연구에 사용할 수 있을 뿐만 아니라, 기타 디지털 인문학 연구를 위해 가공, 활용할 수 있는 자료를 제공한다는 측면에서 스캔 된 이미지 형태의 데이터베이스보다 더 진일보한 의미가 있다. 둘째,『漢談官話』데이터베이스는 20세기 초 중국어 어휘와 언문을 반영한 자료로, 이는 기존 옛 한글, 고대 중국어 사전의 내용을 확장하는데 기여하며, 이를 기반으로 당시 한중 언어의 어휘, 음운, 자형에 대한 공시적, 통시적 연구를 진행할 수 있다. 셋째, 데이터베이스는 초국적 성격을 갖는 연구 매체로, 우리나라 학술계가 연구 자료의 공여자로서 적극적인 역할을 함으로써 관련된 학술 분야의 발전에 기여할 수 있다. 특히 기존 근대 중국어나 한국어에 관한 고도화된 데이터베이스가 미비했던 만큼 이 분야의 국내외 연구 진작 및 해외 학자들과의 교류에도 이바지할 수 있다. 넷째, 중국어학, 한국어학, 디지털 인문학 등 관련 학문의 교육과 후속 세대 양성에 이바지할 수 있다. 오늘날 모든 교육 기관에서 디지털 기반의 학습을 추구하므로 이와 같이 디지털 데이터로 구축된 자료는 관련 학문의 교육에 활용될 수 있다.

2. 필사본 유해류 『漢談官話』의 디지털화를 위한 데이터 가공절차

1) 『漢談官話』의 디지털화 내용과 방법

본 연구는 이화여자대학교 중앙도서관 소장본 『漢談官話』을 저본으로 『漢談官話』에 기록된 모든 내용을 구축하는 것을 원칙으로 삼았다. 즉 표지, 둘째 페이지의 저자 기록, 본문 전체를 모두 디지털 데이터로 구축하였다. 또한 주음, 원문 풀이, 현대어 번역 기준으로도 데이터를 검색할 수 있도록 고도화 작업을 거쳤다. 본 연구에서 구축한 내용은 다음과 같다.

(1) (원문과 동일한 체재의) 원문 데이터
(2) 『漢談官話』 주음 데이터
(3) 『漢談官話』 원문 풀이(언해문) 데이터
(4) 『漢談官話』 현대어 번역 데이터
(5) 『漢談官話』 비고 데이터

이상의 데이터를 구축하기 위해 다음과 같은 순서로 연구를 진행하였다. 첫째, 『漢談官話』에 대한 분석, 둘째, 원문 및 현대어 번역, 비고 입력, 셋째, 데이터 구축, 마지막은 전체 데이터 감수이다.

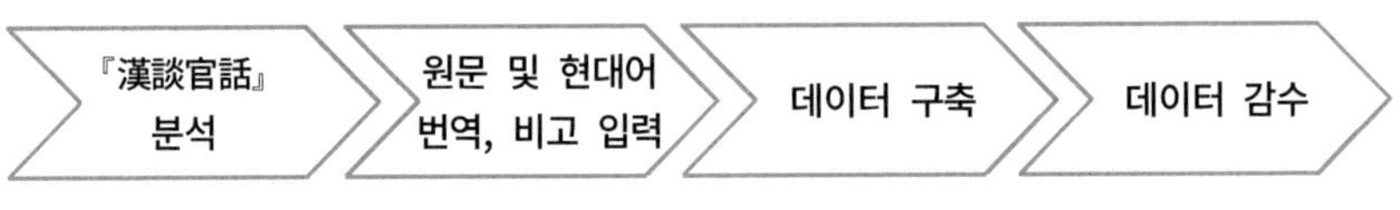

[그림 2] 『漢談官話』 데이터 구축을 위한 순서도

먼저 『漢談官話』의 저자, 출판 시기, 체재, 사용된 주음, 언문의 특징 등에 대해 분석하였다. 특히 이 책에는 출판 시기가 직접적으로 명시되어 있지 않고 둘째 페이지에 적힌 '壬寅之夏六月念九日重衣(임인년 여름 (음력) 6월 29일에 다시 옮겨 적었다)'를 통해 1902년경 편찬되었다는 것을 추정할 수 있는데, 더욱 정확한 출판 시기를 유추하고자 『華語類抄』, 『漢語抄』, 『華語』와 같은 동시대 편찬된 유해류와 서지적 특징을 비교하였다. 또한 19세기 이후 편찬된 민간 회화류, 유해류 저서와의 비교를 통해 주음에 사용된 한글 자모의 특수성, 부류, 표제어, 뜻풀이 측면에 있어서의 특수성을 분석하였다. 이와 같은 작업을 통해 『漢談官話』의 모든 텍스트를 엑셀(.xls) 파일 형식으로 입력하기로 결정하고 데이터베이스를 설계하였다.

다음으로 원문 및 현대어 번역, 비고 입력이다. 원문 표제어의 한자, 표제어에 대한 언문 풀이, 표제어에 대한 주음 및 표제어와 언문에 대한 현대 국어 번역을 입력하고, 부가 설명이 필요한 부분은 비고로 분류하여 내용을 입력하였다. 본 연구의 데이터베이스는 '원문' 데이터베이스와 '검색용' 데이터베이스 두 부분으로 나누어 구축하였는데, 전자는 『漢談官話』 원문의 자형과 내용을 그대로 열람할 수 있도록 제공하기 위한 데이터베이스이고, 후자는 한자, 음, 원문 언문 풀이, 현대어 번역을 기준으로 검색할 수 있도록 제공하는 데이터베이스이다. 『漢談官話』 원문에는 해당 글자에 대한 주음이 생략되거나, 동일한자의 중복 표현인 특수 문자 'ㄷ'으로 중복 글자를 표현하여 원문 데이터를 그대로 검색용 데이터로 쓸 수 없으므로 이 둘을 별도의 파일로 구축할 필요가 있었다. 이에 따라 '원문' 열람을 위한 데이터(이하 '원문 데이터') 엑셀 입력과 '검색용' 데이터(이하 '검색용 데이터') 엑셀 입력 작업을 각각 진행하였다. '원문'은 'ID', '중국어 단어(원문 자형)', '중국어 단어(상용자 자형)', '이체자1', '이체자2', '음', '원문 풀이', '현대어 번역', '비고', '위치(페이지-행)'으로 나누어 입력하고, '검색용' 데이터베이스는 'ID', '부류', '중국어 단어(원본 자형)', '중국어 단어(상용자 자형)', '이체자1', '이체자2', '음', '원문 풀이', '현대어 번역', '비고', '위치(페이지-행)'로 나누어 입력했다.

셋째는 데이터 구축이다. 먼저 엑셀 문서 형식으로 입력한 데이터 엑셀 파일에는 각 칼럼 단위로 상술한 내용을 입력하고 추가로 이체자를 이미지화하여 입력하는 작업이 포함되었다. 이렇게 입력된 엑셀 파일의 데이터는 우선 입력된 언해문 음가 표기, 현대어 번역 등을 모두 옛 한글 입력이 가능한 한글 자모 단위 표기 방법인 NFD(Normalize Form D)로 변환하였다. 또한 데이터 변환 프로그램을 통해 입력 내용을 각 한자 단위로 한자, 예시 단어, 음절, 성모, 운모 단위로 분할하였다.[1] 마지막으로 엑셀에 포함된 이체자들을 이체자 표기와 이미지 파일로 분할하는 작업을 수행하였다. 이렇게 원시 엑셀 데이터를 2차 가공하여 원문 데이터, 음절 단위 표기 데이터, 이체자 표기

---

[1] 해당 변환 프로그램은 구축과정에서 품질 점검이 이루어졌다.

데이터를 작성하고 이를 관계형 데이터베이스(RDB, Relational Database)로 입력하였으며, 웹 프로그램을 개발하여 검색이 가능하도록 설계하였다. 특히 검색 방식은 '한자 입력'을 통한 검색과 '옛 한글 입력'을 통한 검색 등을 지원하도록 설계하였는데, 한글 자모 단위로 데이터를 입력하였으므로 자모 단위로도 검색이 가능하다.

마지막은 데이터 감수이다. 디지털 형식으로 입력한 원문(한자, 주음, 원문 풀이), 번역문, 비고 데이터의 내용에 오류가 없는지 확인하며, 오류가 발견되면 엑셀 파일에 입력된 내용을 수정하여 다시 데이터를 자동으로 적재할 수 있는 시스템을 구축하였다. 이런 데이터 자동 적재 과정을 통해서 구축된 데이터는 '아시아 언어 DB(https://www.asialang.org)' 사이트에서 즉각적으로 반영되어 업데이트된 자료를 서비스한다. 이로써 데이터의 정확성과 함께 새 데이터의 즉각적 업데이트를 통한 시스템의 적시성을 보장한다.

2) 『漢談官話』의 입력

본 연구에서 입력한 데이터는 『漢談官話』 원문에 수록된 한자 및 주음, 원문 풀이와 함께 현대어 번역, 비고(부가 설명)를 포함한다. 논의의 편의를 위해 한자 및 주음, 원문 풀이는 '원문 자료'로 지칭하며, '원문 자료' 입력과 번역문 및 비고 입력으로 나누어 기술하도록 하겠다.

(1) 원문 자료 입력

① 원문 자료는 일차적으로 엑셀 문서에 입력하였다. 엑셀 문서를 사용한 이유는 이 프로그램을 통해 입력할 수 있는 한자가 일반적으로 웹서비스

상에 문제없이 출력되는 유니코드 한자를 포괄하며, 또한 추후 csv나 xml과 같이 웹에 적재하기 위한 파일로 가공이 용이하기 때문이다.

②『漢談官話』에 수록된 원문 그대로 한자 데이터를 구축하는 것은 본 연구의 가장 핵심적인 부분이다.『漢談官話』는 필사본으로 다양한 이체자가 사용되었으므로 이 자형을 그대로 구현함과 동시에 상용한자로도 구축하여 한자 이체자 연구의 효용과 데이터 검색 및 가공의 효용성을 동시에 꾀하였다. 따라서 엑셀에 원본 내용을 입력할 때 이체자 자형을 '중국어 단어(원본 자형)' 칼럼에 입력하고, 이체자 자형에 상응하는 상용자 자형을 '중국어 단어(상용자 자형)' 칼럼에 입력하였다. 그런데 이체자 자형은 유니코드로 등록된 경우도 있고, 그렇지 않은 경우도 있다. 예를 들어『漢談官話』에 출현한 '沒'은 유니코드 U+23CDA(EXT-B)의 '沒'로 입력이 가능하다. 반면 이체자 중 유니코드 한자로 등록되지 않은 경우에는 먼저 '한국고전종합DB 이체자정보(https://db.itkc.or.kr/dch/)', '字海網(https://www.yedict.com/)'이나 '臺灣 敎育部 異體字字典(https://dict.variants.moe.edu.tw/)' 등에서 검색하여 해당 자형의 이미지가 출현하는 경우 이를 캡처하여 입력하였다. 여기에도 등장하지 않은 자형은 '字統網(https://zi.tools/)'에서 글자를 조합하여 이미지 파일로 저장하고(상세 내용은 '3. 필사본『漢談官話』의 데이터 가공에서 이체자 처리' 참고), 이 조합된 이체자 이미지를 파일에 입력하였으며 검색 시 정보의 연계를 위해 '중국어 단어(원문 자형)'에는 '〈 〉' 안에 해당 한자의 상용자를 표기하였다. 이 두 가지 방법으로도 입력이 어려운 일부 이체자 자형은『漢談官話』원문의 자형을 캡처하여 입력하였다. 일차적으로 이체자 사이트의 이미지를 활용한 이유는 본 연구가 참조한『漢談官話』원문 이미지 파일이 원본 서적의 종이가 황색 빛으로 바랜 상태를 그대로 스캔한 파일이어서 글자의 가독성이

높지 않기 때문이다. 또한 표제어 한자 당 복수의 이체자 자형이 출현하는 경우가 있어, 이런 경우에는 칼럼을 '이체자1', '이체자2'로 분리하여 입력하였다.

③『漢談官話』에서는 사역원 편찬의 중국어 역학서 뿐만 아니라 당시 민간인 편찬 중국어 학습서에서 쓰인 한글 자모와는 다른 예외적인 형태의 주음이 많이 보이며, 몇몇은 오류로 판단된다. 그러나 본 연구는 판본학적 가치를 고려해『漢談官話』원본 자료를 원문 그대로 구현하는 것을 원칙으로 삼았다. 다만, 사용자의 이해를 돕기 위해 주음 상의 오류나 예외로 판단되는 부분은 '비고'에 별도로 설명을 추가하였다. 예를 들어 '底些們(하인들)'의 '些'는 이 책에서 '져'로 기록되었다. 그러나 '些'의 현대 표준중국어 성모는 /ɕ/이고, 동시대 역음 자료에서 'ㅅ', 'ㅆ'로 기록되었으므로 이러한 특이 사항을 비고에 서술하였다.

④ '위치(페이지-행)' 칼럼에는 이화여자대학교 중앙도서관의 원문보기 스캔 파일을 기준으로 해당 표제어가 위치한 페이지와 행을 기록하였다. 이는 본 데이터베이스와 스캔본 원문을 대조하며 열람할 수 있도록 사용자의 이용 편의성을 고려한 조치로, 위치 부분을 클릭하면 팝업창으로 원문 이미지를 열람할 수 있도록 구축하였다.

(2) 번역문 및 비고 입력

본 연구는『漢談官話』번역에 있어 다음의 두 가지 주요 원칙을 세웠다. 첫째, 표제어인 중국어 단어 및 표현에 기준하여 내용을 해석하고 번역한다. 둘째, 연구자뿐만 아니라 일반인들도 보고 이해할 수 있게 번역한다.

유해류는 중국어 단어 및 표현과 당시 한국어로 뜻을 풀이한 부분으로 나뉘어 있어, 기준에 따라 번역 결과가 달라진다. 본 연구는 일차적으로 표제어인 '중국어 단어'를 기준으로 번역하고자 했다. 그 이유는 다음과 같다. 첫째, 『漢談官話』는 일차적으로 중국어 학습을 하는 데 목적을 두었으므로 편찬 목적에 따라 중국어 단어를 기준으로 번역하는 것이 타당하다고 판단했다. 둘째, 표제어 중국어 단어와 언문 뜻풀이의 의미가 차이 나는 경우가 적지 않다. 예를 들어 '沒去過'는 '못간다'로 풀이되었는데 '못간다'라는 표현은 현대 한국어에서 불가능 또는 금지의 형태이므로 표제어인 중국어 표현 '沒去過'의 뜻과 다르다. 따라서 본 연구는 표제어인 '沒去過'의 의미에 맞추어 '가본 적이 없다'로 번역하였다. '坐車来'는 언문 뜻풀이에 '차타고왔는냐'는 의문문 형식으로 풀이되었는데, 표제어 중국어 표현에는 의문 표지가 없으므로 '차타고 오다'라는 평서문으로 번역하였다. 셋째, 『漢談官話』에서는 원문 풀이 부분을 공백으로 두어, 당시 한국어로 어떻게 표현하는지 참고할 수 있는 기준이 없는 경우가 적지 않다. 이 부분은 앞에서 서술한 바 있듯이 당시 중국어 단어를 한국어에서도 그대로 사용했기 때문에 별도의 번역 필요가 없었던 것으로 판단되지만 그렇지 않은 경우도 있다. 예를 들어 '奉祿多少', '府上那兒', '不苦辛' 등과 같이 한국어에서 사용하지 않는 표현에 대해서도 원문 풀이를 누락한 경우가 많다. 따라서 『漢談官話』의 언해문 뜻풀이 부분에 근거하여 번역하는 것은 타당하지 않다고 판단하여 표제어인 중국어 단어를 기준으로 현대 한국어로 번역하였다.

또한 현대 한국어를 사용하는 일반 언중이 이해할 수 있도록 최대한 자세히 풀이하였다. 『漢談官話』에는 한자어나 한문(문언문)으로 뜻풀이한 예가 여럿 있어 일반인이 뜻을 파악하기 쉽지 않으므로, 본 연구에서는 이를 최대한 쉽고 상세히 풀이하여 이해를 돕고자 하였다. 예를 들어 표제어 '冬大季'는 한자어인 '冬至使'로 풀이되어 있는데, 이를 '동지사(冬至使, 동짓달에 중국으로 파견하던 사신)'으로 상세하게 풀이를 덧붙여 번역문을 입력하였다. 표제어 '頭目'은 '從人'으로 풀이되어 있는데 이를 '따라다니는 사람(從人)', '종자'로 번역하였다.

한편 '비고'는 앞서 언급한 바와 같이 주음 상의 오류나 예외로 판단되는 내용과 함께 『漢談官話』에 나타나는 특이한 표기나 번역에서 나타나는 특이점 및 참고 내용에 대해 서술하여 이용자의 이해를 돕고자 하였다. 예를 들어 『漢談官話』의 표제어에는 'ㄷ'이라는 표기가 여러 차례 등장하는데, 이는 선행하는 글자와 동일한 글자가 사용됨을 나타내는 중복 기호로 사용되었음을 '비고'에 언급하였다. 또한 표제어 '沒來過'는 원문의 뜻풀이에 '못왓느냐'라고 기재되었으나 표제어 표현에 명확한 의문 표지가 없으므로 일반적인 평서문 형식인 '온 적이 없다'로 옮겼음을 비고에 서술하였다.

데이터 파일은 원문 데이터 엑셀 파일과 검색용 데이터 엑셀 파일로 나누어 정리했는데, 그 이유는 다음과 같다. 첫째, 원문의 형태를 그대로 보존한 디지털화는 진정한 고문헌에 대한 보존적, 연구적 가치를 극대화할 수 있다는 인식을 했기 때문이다. 서론에서 언급했듯이 국내에 조선시대 문헌을 2차 가공한 사례들이 많이 있지만 대부분 한자, 주음, 언해문을 교정하여 입력함으로써 입력 단계에서부터 원본의 정보가 일정 부분 변형되었다. 따라서 문헌의 원형에 기반한 실제적인 연구가 어려우며, 교정한 부분에 대해서는 원문을 대조하여 하나하나 확인해야 하는 번거로움이 따른다. 그러나 원문의 형태를 그대로 보존하여 디지털화하면 이러한 번거로움 없이 웹 기반의 문헌 연구가 가능하다. 둘째, 『漢談官話』 데이터가 게시된 '아시아 언어 DB'에는 『漢談官話』 이외에도 한·중·일 삼국에서 출판된 관련 문헌 데이터가 탑재되어 있다. 이 웹사이트는 한자의 음운, 형태, 의미 정보를 직접 검색할 수 있도록 고도화된 데이터를 제공하는 것에 목적을 두고 있다. '아시아 언어 DB'에 기구축된 문헌뿐만 아니라 『漢談官話』의 내용도 함께 검색할 수 있도록 구축하여 근대 중국어의 음운을 종합적으로 비교 연구할 수 있게 하였다.

3) 데이터의 가공 처리

상술한 입력 원칙과 과정을 토대로 입력한 원문 데이터 엑셀 파일의 예시를 들면 [그림 3]과 같다.

A	B	C	D	E	F	G	H	I
ID	중국어 단어 (원본 자형)	중국어 단어 (상용자 자형)		음	원문 풀이	현대어 번역	비고	위치
20	<舉>人	華人	欅	쥐인	null	거인(향시(鄕試)에 합격한 사람)	null	5-7
21	陞官	陞官		승관	null	(관직에서) 승진하다	null	5-8
22	小官	小官		샤관	null	(관리가) 자신을 가리키는 말	null	6-1
23	一品<寶>石	一品寶石	寶	이핀바시	null	일품(一品)의 보석 증자(모자 꼭지의 꾸밈새)	null	6-2
24	二品珊瑚	二品珊瑚		얼핀샨후	null	이품(二品)의 산호 증자	null	6-3
25	三品亮藍	三品亮藍		싼핀량난	亮之稱朗也	삼품(三品)의 밝은 푸른 수정 증자 亮은 朗(맑다)을 일컫는다	null	6-4
26	四品□禾□山□戌示藍	四品繡藍	穢	쓰핀예난	穢之稱濁也	사품(四品)의 탁한 푸른 수정 증자 穢는 濁(흐리다)을 일컫는다	'穢'는 현대 표준중국어에서 성모가 /x/로, 동시대 역음 자료에서는 성모가 'ㅎ'로 기록되었다. 운모는 /uei/로 동시대 역음 자료에서는 'ㅟ' 'ㅞ'등으로 기록되었다	6-5
27	五品良白	五品良白		우핀량비	null	오품(五品)의 깨끗한 백옥 증자	null	6-6
28	六品□禾□山□戌示白	六品繡白	穢	누핀예비	null	육품(六品)의 흐린 백옥 증자	null	6-7

[그림 3] 원문 데이터 엑셀 파일의 예

ID는 원본의 각 행을 기준으로 순번을 매겼고, 각 칼럼에 해당하는 내용이 없으면 데이터가 없음을 나타내는 'null'로 표기하여 자동 변환의 효율을 높였다. 빈 셀은 값이 공백인 이유를 명시하지 못해서 데이터 변환 과정에서 오류를 야기하기 때문이다. [그림 4]는 검색용 엑셀 파일의 예시이다.

1	ID	部類	중국어 단어(원본 자형)	중국어 단어(상용자 자형)	이체1	이체2	음	원문 풀이	현대어 번역	비고	위치
46	45	人事官職	▯イ ▯尸冊房	偏房	偏		ㅍㅕㄴㅂㅏㅇ	ㅊㅕㅂ	ㅊㅕㅂ	null	9-5
47	46	人事官職	小娘	小娘			ㅆㅛㅇㅑㅇ	ㅊㅕㅂ	ㅊㅕㅂ	null	9-6
48	47	人事官職	娘們	娘們			ㅇㅑㅇㅁㅡㄴ	ㄱㅖㅈㅣㅂㄷㅡㄹ	ㅇㅕㅈㅏㄷㅡㄹ	null	9-7
49	48	人事官職	出嫁	出嫁			ㅊㅜㅈㅏ	null	ㅅㅣㅈㅣㅂㄱㅏㄷㅏ	null	9-8
50	49	人事官職	名帖	名帖			ㅁㅣㅇㅊㅕ	null	ㅁㅕㅇㅊㅕㅂ(名帖, ㅅㅕ	null	10-1
51	50	天文部	天亮	天亮			ㅌㅕㄴㄹㅑㅇ	日曙	ㄴㅏㄹㅇㅣㅂㅏㄹㄷㅏ(E	null	10-3
52	51	天文部	月亮	月亮			ㅇㅞㄴㄹㅑㅇ	月明	ㄷㅏㄹㅇㅣㅂㅏㄹㄷㅏ(月'月'ㅇ—	10-4
53	52	天文部	日ㅈ▯弓攵紅	發紅	發		ㅂㅏㅎㅜㅇ	日上	ㅎㅐㄱㅏㅇㅗㄹㄹㅏㅇㅗ	null	10-5
54	53	天文部	雪大	雪大			ㅅㅖㄷㅏ	積雪	ㅆㅏㅎㅇㅣㄴㄴㅜㄴ(積雪	null	10-6
55	54	天文部	罩霧	罩霧			ㅈㅘㅇㅜ	大霧	ㅈㅣㅌㅇㅡㄴㅇㅏㄴㄱㅐ	null	10-7
56	55	天文部	刮大風	刮大風			ㄱㅘㄷㅏㅂㅜㅇ	大風	ㄱㅏㅇㅎㅏㄴㅂㅏㄹㅏㅁ	null	10-8
57	56	天文部	▯イ ▯尸冊冷	偏冷	偏		ㅍㅕㄴㄴㅡㅇ	日寒	ㄴㅏㄹㅆㅣㄱㅏㅊㅜㅂㄷ	null	11-1
58	57	天文部	狠冷	狠冷			ㅎㅓㄴㄴㅡㅇ	大寒	ㅅㅣㅁㅎㅏㄴㅊㅜㅇㅟ(ㅊ	null	11-2
59	58	天文部	天氣暖和	天氣暖和			ㅌㅕㄴㅈㅣㄹㅏㄴㅎ	null	ㄴㅏㄹㅆㅣㄱㅏㄸㅏㄸㅡ—	null	11-3
60	59	天文部	日出三竿那	日出三竿那			ㅇㅣㅊㅠㅆㅏㄴㄱ	null	ㅎㅐㄱㅏㅈㅏㅇㄷㅐㅅㅕ	null	11-4
61	60	天文部	▯門井東	開東	開		ㅋㅐㄷㅜㅇ	天明	ㅎㅏㄴㅡㄹㅇㅣㅂㅏㄹㅇ	null	11-5

[그림 4] 검색용 엑셀 파일의 예 1

이렇게 작성된 검색용 엑셀 파일은 첫째, 검색용 데이터베이스로 자동 변환되는 중간 데이터를 생성하고 데이터 내용을 검증하는 데 사용되며, 둘째, 웹사이트 내 검색 시 검색 결과와 매핑되는 이체자를 자동 추출, 입력하는 데 사용된다.

(1) 주음 데이터의 가공처리

검색용 엑셀 파일에서는 원문 데이터 엑셀 파일 안에 쓰인 중복표기인 'ㄷ'을 앞 글자와 동일하게 입력하여 교정하고, 주음이 누락 된 한자는 정보값이 없으므로 삭제하였다. 또한 주음에 사용된 한글 음절을 초성, 중성, 종성이 분리된 형태로 변환하여 한자음의 성모에 해당하는 초성과 운모에 해당하는 중성 및 종성이 쉽게 분리될 수 있도록 하였다. 이를 통해 [그림 5]와 같은 데이터 구조로 변환시켜 한자를 기준으로 한 음 검색이 가능하게 하였다.

문장ID	예자	예시단어	음절	성모	운모	출현페이지	문헌명
1	皇	皇上	ㅎㅘㅇ	ㅎ	ㅘㅇ	4-2	漢談官話
1	上	皇上	ㅅㅑㅇ	ㅅ	ㅑㅇ	4-2	漢談官話
2	閣	閣老	ㄱㅓ	ㄱ	ㅓ	4-3	漢談官話
2	老	閣老	ㄹㅛ	ㄹ	ㅛ	4-3	漢談官話
3	尙	尙書	ㅊㅏㅇ	ㅊ	ㅏㅇ	4-4	漢談官話
3	書	尙書	ㅅㅠ	ㅅ	ㅠ	4-4	漢談官話
4	國	國王	ㄱㅞ	ㄱ	ㅞ	4-5	漢談官話
4	王	國王	ㅇㅘㅇ	ㅇ	ㅘㅇ	4-5	漢談官話

[그림 5] 검색용 엑셀 파일의 예 2

데이터베이스 검색 시 통상적으로 상용한자로 입력하므로 표제어로 제시된 중국어 단어는 원본 자형 외에 상용자 자형으로도 입력했다. 한편 언해문은 옛한글이 포함된 자모 단위로 입력하는 NFD 방식을 채택했기 때문에 위에서 보는 바와 같이 '皇上'은 '황샹'의 2개의 음절로 구성된 문자로 보이지만 실제로 입력된 문자는 'ㅎ, ㅘ, ㅇ, ㅅ, ㅑ, ㅇ'으로 모두 6개이다.

음절	초성	중성	종성
황	ㅎ	ㅘ	ㅇ
샹	ㅅ	ㅑ	ㅇ

초, 중, 종성에 동일한 한글 코드를 부여하면 검색의 효용성이 현저히 떨어진다. 따라서 상술한 바와 같이 옛한글의 자모 단위로 입력함으로써 초, 중, 종성에 각기 다른 코드를 부여하여 이 점을 개선하였다. 유니코드에서 한글을 구성하는 자모 블록은 크게 4개인데, NFD 방식의 조합을 위해서 사용될 수 있도록 할당된 공간은 모두 3개이다.

· Hangul Jamo ： 1100 ~ 11FF

· Hangul Jamo Extended-A ： A960 ~ A97F

· Hangul Jamo Extended-B ： D7B0 ~ D7FF

이 블록의 특징은 한글의 각 자모를 초성, 중성, 종성 단위로 별도로 할당하였다는 것이다. 즉, 초성 ㄱ(U+1100)과 종성 ㄱ(U+11A8)은 코드가 다르게 구성되어 있다.[2] 이 유니코드 블록에서 가져온 초성, 중성, 종성이 구분되는 문자들로 구성된 음을 다시 음절과 성모, 운모 단위로 변환하는 과정을 거쳤다. 이 과정을 통해 초성은 성모에, 중성과 종성을 합쳐서 운모에 대응시킬 수 있으며, 성모와 운모를 합쳐서 하나의 음절에 대응시킬 수 있다.[3] 입력 단계에서 발생한 단순한 데이터 입력 오류는 이 과정에서 모두 발견, 수정되므로 데이터를 정제하는 부수적인 효과도 얻을 수 있다.

이 과정에서 3가지 『漢談官話』에서 보이는 특이한 표기는 다음과 같이 처리하였다.

① 특수한 兒化韻 주음의 처리

'今兒個冷的狠'은 원문에 '질거능지흔'으로 주음되어 있는데, 본 연구에서는 최종적으로 '지ㄹ거능지흔'으로 입력하였다. 왜냐하면 이 표제어에서 '질'의 'ㄹ'은 兒化韻 표기로 '兒'의 음에 대응되기 때문이다. 따라서 한글호환성

---

2 일반적인 한글 호환성 자모 블록에서는 초성과 종성의 구분이 없는 방식으로 구성되어 있다.

3 중성과 종성을 합칠 때, 초성은 비어있는데, 이때 U+115F 문자를 초성 자리 맨 앞에 넣어주는데, 이 문자는 한글초성 채움(Hangul Choseong Filler) 글자이다. https://www.compart.com/en/unicode/U+115F 참고.

자모 블록에서 'ㄹ'을 가져오고, 이 경우 음절은 'ㄹ', 성모는 빈값, 운모는 'ㄹ'을 사용하도록 처리하였다.

② 한자 음절에 맞지 않는 주음의 처리

예를 들어 '排卓子'는 'ㅂ]조어즈'로 표기되어 있다. 중국어는 3개의 음절인데 이에 대응하는 주음 음절이 4개가 되는 문제가 발생하였다. 이는 '卓'의 음이 '조어', 즉 두 음절로 표기되었기 때문이다. 본 데이터베이스에서는 원래의 표기를 최대한 살리기 위해서 '-'을 이어질 2개의 음절 사이에 넣어두었다. 따라서 주음 검색 시 결과값이 '-'을 만나면 앞 음절에 붙이도록 하여 음절에는 '조어', 성모에는 'ㅈ', 운모에는 'ㅗ어'가 대응되도록 조정하였다.

③ 특수한 자모 표기 처리

예를 들어 '拉倒'에서 '拉'은 'ㅃㅏ'로 표기되어 있다. 이 표기에 맞는 옛한글 자모가 없어서 성모는 'ㅂㄹ'로 표기하고, 운모는 'ㅏ', 음절은 'ㅂ라'로 표기되도록 조정하였다.

이런 예외 처리 과정을 거쳐 616개 표제어가 총 1,765개의 중국어 문자 단위로 변환되었고 각 한자에 해당하는 음가를 자동으로 매칭시켰다. 이렇게 만들어진 데이터는 검토를 거쳐서 '아시아 언어 DB' 상에 이미 구축되어있는 자동 입력 툴을 통해서 정상적으로 입력되었다.

(2) 한자 이체자 데이터의 가공처리

다음은 이체자의 가공처리에 관한 것이다. 이체자를 그림문자로 변환하는 과정은 3장에서 자세히 다루도록 하며, 우선 검색용 데이터를 만들 때 정의한 두 가지 이체자 표기 체계에 대해 살펴보겠다. 첫째는 IDS 이체자 표기 체계이며, 둘째는 그림문자 표기 방법이다.

첫째, IDS 이체자 표기 체계이다. 유니코드에서는 IDC(Ideographic Description Characters)가 블록 U+2FF0에서 U+2FFF까지 15개의 조합 규칙을 정의한다. 예를 들어 '⿰' 문자는 왼쪽과 오른쪽의 한자를 조합하라는 기호이다. 이렇게 하면 부수를 제외한 모든 한자를 조합하는 것이 가능하다. 예를 들어 '觀縩使'의 '縩'은 '察'의 이체자인데, 이를 조합하기 위해 '觀⿱宀⿰月又示 使'로 표기하여 대응시킨다. 또한 '縩'이 조합된 원리에 따라서 각 부분을 구성하는 글자를 입력하면 검색이 가능하도록 설계하였으므로, '月又示'처럼 한자 조합의 일부만 입력해도 입력하면 '縩'이 검색된다. 이처럼 IDC를 연달아 사용한 표기 체계를 IDS라고 한다.

둘째, 이미지 파일로 대체해 표기하는 방법이다. IDS로도 입력이 불가능한 한자들이 있는 경우 원문의 한자 이미지를 캡처하여 이미지 파일을 그대로 입력하였다. 예를 들어, '壼'는 『漢談官話』에서 사용되는 '壺'의 이체자로 '字海網'이나 '臺灣 敎育部 異體字字典'에도 해당 자형이 부재하며 IDS로도 입력이 불가하다. 이런 경우 '〈壺〉'처럼 해당 이체자의 상용한자 형태를 입력하고 한자 앞뒤에 '〈', '〉'을 사용하여 다른 한자와 구분하고, 검색의 결과로 한자의 앞뒤로 '〈', '〉' 표기가 있으면 이에 해당하는 이미지를 자동으로 연결하여 화면에 검색결과로 출력하게 된다.

『漢談官話』에서는 경우에 따라 표제어 한자 하나당 2개(혹은 이상)의 이체자가 출현하였으므로 엑셀 파일에서는 별도의 칼럼 '이체자1', '이체자2'를 정의하였다. 먼저 이체자 자동 변환 프로그램을 이용해서 엑셀 파일에 있는 모든 이체자 그림을 저장하였다. '槃'자의 경우, '7.5.image4.png'로 매핑이 되었는데, '⬚⬚⬚⬚月又示' 문자열을 만나면 '槃'로 변환되도록 엑셀로 변화하는 작업을 거쳤다.

Idx	이체자	이미지 파일
6	⬚⬚⬚⬚月又示	7.5.image4.png
14	〈擧〉	15.5.image5.png
17	〈寶〉	18.5.image6.png
22	⬚禾⬚山⬚戊示	23.5.image7.png

[그림 6] 이체자에 상응하는 이미지 파일명

이렇게 이미지로 대체한 이체자 유형은 모두 77가지로 정의하였다. 첫 행의 Idx는 이체자가 출현한 엑셀의 행 번호이다.

위와 같은 과정을 거쳐서 최초의 원문검색용 엑셀을 이용해서 검색용 엑셀을 생성하였고 이를 토대로 자동 변환 프로그램을 이용해 '검색용 음절 데이터' 및 '이체자 데이터'를 생성하였다. 결과적으로 ① 원문 데이터 엑셀, ② 검색용 음절 데이터 ③ 이체자 데이터를 관계형 데이터베이스에 옮겨 검색용 데이터로 제공한다. 검색용 데이터는 NFD 방식으로 인코딩되어 자모 단위 검색이 가능하다. 자모 단위 검색은 음절, 성모, 운모 단위로 검색하는 방식을 뛰어넘어 특정 자모, 중성과 종성이 결합한 형태, 전체 음절의 일부, 특정 음절과 후행하는 초성, 중성, 종성, 초성이 결합한 형태와 같은 다양한 조합으로 검색이 가능하다. 이를 위해서 공개된 옛한글입력기[4]를 차용했으며 이를

적용한 화면은 [그림 7]과 같다.

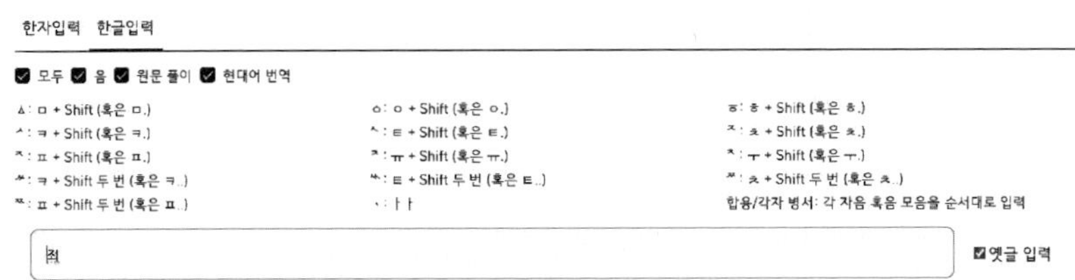

[그림 7] 옛한글 입력기를 활용한 데이터 검색창의 예

4) 웹검색 서비스 개발

『漢談官話』의 원문 데이터를 이용하여 최종적으로 웹 서비스 형태로 구현하는 과정은 전형적인 웹 서비스 개발 과정으로 최신 nextjs(14.x) 기술을 이용하여 웹 페이지를 구현하였다. nextjs는 웹서버로 동작하면서 화면을 표현하고, 데이터를 검색하는 기능들을 통합할 수 있는 최신 개발 환경이다. 검색을 위한 데이터베이스는 postgreSQL 15를 사용하였다. 특히 데이터베이스를 관리하는 기술은 nextjs와 호환이 되는 prisma를 채택하여 DB 스키마를 자동으로 관리할 수 있도록 하였다. 데이터베이스에 포함된 테이블은 상대적으로 간단하여 [그림 8]과 같은 방식으로 구현하였다. 이 데이터베이스는 검색이 되는 기본 테이블 이외에 임시 테이블을 복제본 형태로 포함하였는데, 관리자가 원본 엑셀을 업로드하여 기존 테이블을 변경하기 전에 검토하기 위한 용도로 만들어 사용했다.

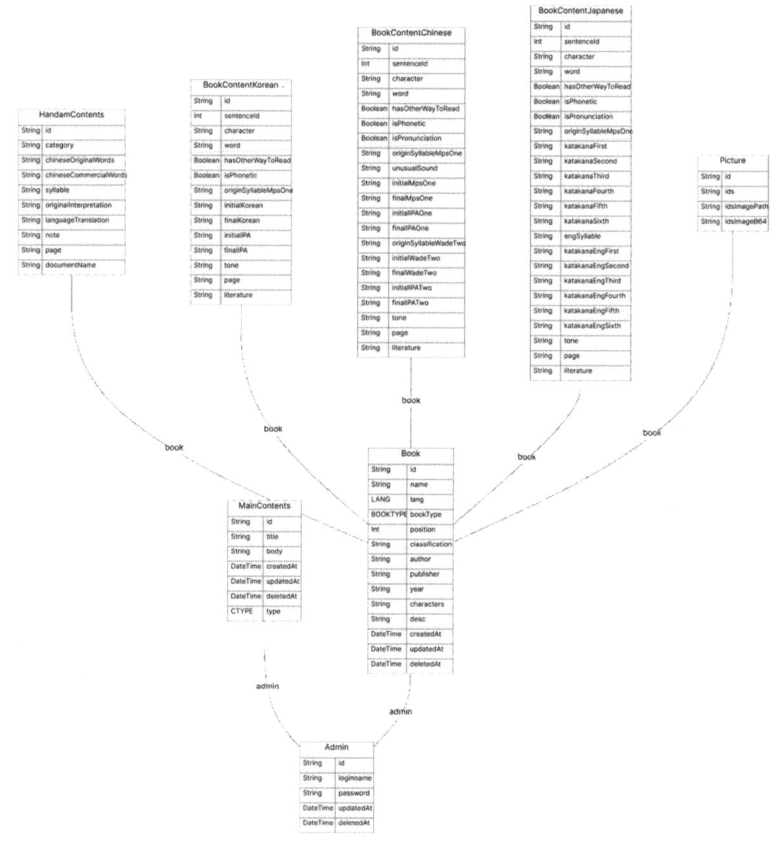

[그림 8] 웹서비스 개발을 위한 테이블 구성의 예

사용자가 asialang.org에 접속하면 웹 페이지에서 검색 서비스를 이용할 수 있는데, 웹서비스에 출력되는 모든 데이터는 기본적으로 postgreSQL를 사용하여 서비스된다. asialang.org는 이를 통해 크게 문헌 검색과 원문 검색으로 구분하여 서비스를 제공한다. 문헌 검색은 한국 문헌, 일 본문헌, 중국 문헌으로 구분되며, 『漢談官話』는 한국 문헌 안에 포함되어 있다.

3. 필사본 『漢談官話』의 데이터 가공에서 이체자 처리

1) 『漢談官話』의 이체자 정보 분류

본 연구에서 연구 대상으로 삼은 『漢談官話』는 필사본으로 기존 사역원을 통해 인쇄, 간행된 사역원 편찬의 유해류 서적에 비해 한자 필획의 크기 및 굵기와 전체 모양이 상대적으로 불균일하고 간혹 잘못 쓴 글자를 덧쓰거나 지운 흔적이 종종 나타나며, 의미불상의 묵적(墨跡)이 보이기도 한다. 한 페이지당 8행으로 구성되어 페이지 당 8개의 표제어를 배치하였으며, 부류 명칭과 표제어를 한자 크기에 차이를 두어 구분한다. 대체로 행과 열의 간격이 고르게 분배되어 있으나 활자나 목판을 이용한 인쇄본에 비해 구성이 전반적으로 덜 정돈된 면이 있다. 그러나 『漢談官話』는 필사본임에도 초서체나 행서체가 아닌 해서체로 작성되어 가독성이 비교적 좋은 편이다.

그럼에도 불구하고 필사본이라는 한계로 인해 『漢談官話』에는 대량의 통가자(通假字)[5]와 이형자(異形字)[6]가 출현한다. 예를 들어 裡[7]는 裏 또는 裡의 이형자로 본문 안에 일관되게 출현하며, 妳는 妳의 속자이자 奶의 이형자이

---

[5] 통가자(通假字)는 원래 나타내고자 하는 의미의 한자가 있으나 임시로 대체된 한자로 일부 통가자는 오기(誤記)로 볼 수 있으나, 본 연구는 원문 입력 과정에서 이를 교정하지 않고 원문에 사용된 한자 형태를 그대로 입력하였다.

[6] 본 연구에서 일컫는 이형자(異形字)는 상용한자의 자형과 비교해 한자의 필획과 부건이 변형, 추가되거나 위치가 바뀌는 등 변형이 있는 한자를 가리킨다. 그러나 본 연구는 논의의 편의를 위해 통가자와 이형자를 모두 이체자라는 용어로 포괄적으로 지칭한다.

[7] 현행 사전에 裡(EXT_B, U+25683)는 자형만 있는 음의 모두 불상(不詳)의 한자이다. 다만 국내 역학서 문헌에서 다수 사용되고 있고 해당 한자의 사용 문맥과 형성 원리로 추측하건대 裏(U+88CF) 또는 裡(U+88E1)의 속자로 임의 사용한 것으로 보인다.

다.[8] 한편 踼은 본래 '넘어지다'라는 의미이나 『漢談官話』에서는 '눕다'라는 의미를 나타내기 위해 사용되었는데 이는 躺의 통가자로 사용된 것으로 보인다.[9] 본 연구는 『漢談官話』를 디지털화하는 과정에서 이러한 이체자의 처리를 위해 여러 가지 가능성을 고려하여 사용 편의성을 기준으로 원문의 다양한 통가자와 이형자를 구분하지 않고 이체자로 처리하였으며, 이 과정에서 문자열로 입력이 어려운 경우 원문의 자형을 참고하여 자형을 이미지로 제작하여 입력하였다.[10] 이체자 판단 원칙에 관해서는 다음 절에서 상술하겠다.

(1) 이체자 판단 원칙과 적용

본 연구의 연구 대상인 『漢談官話』는 필사본이기 때문에 한자의 필획 모양과 크기 등이 비교적 불균질하고 간혹 잘못 쓴 글자를 고쳐 쓰거나 덧쓴 경우도 발견되며, 무엇보다도 다양한 이체자가 사용되었다. 따라서 디지털화 과정에서 이체자를 어떻게 처리할 것인가 하는 문제가 제기될 수밖에 없다. 본 연구에서는 현존하는 『漢談官話』 필사본 서적의 원형 그대로의 보존적

---

8 妳(EXT_A, U+36B7)는 『集韻』에 與嬭同으로 나타나며, 嬭(U+5B2D, 『廣韻』 奴蟹切, 『集韻』 女蟹切, 音疓。乳也。或作妳)의 속자 중 하나이다. 현대 중국어에서는 이 의미에 해당하는 한자로 奶(U+59B3)를 표준자형으로 택하고 있는데, 奶(『中原』 泥母 皆來韻 上聲)도 嬭의 이체자로 분류된다. 妳(U+59B3, 『中州』 難歹切)도 사전에서 역시 嬭의 이체자로 분류되어 nǎi라는 음을 유지하고 있으나 현대 중국어에서는 일반적으로 2인칭 여성 대명사로 사용되며 발음도 nǐ로 你와 이체자 관계에 있는 것으로도 여겨진다. 따라서 妳를 단순히 嬭의 속자 즉 이체자로 간주할 것인가 奶의 통가자로 간주할 것인가는 관점에 따라 논의의 여지가 있다.

9 踼은 『광운』에 吐郎切로 현대음은 táng이며, 躺은 현대음이 tǎng으로 성조를 제외한 독음이 유사하다.

10 상술한 바와 같이 데이터베이스 구축 작업에는 '원문 데이터' 파일과 '검색용 데이터' 파일 두 가지가 사용되었으며, 원문의 이체자를 그대로 구현하고자 유니코드 확장팩의 코드와 이미지 파일을 사용한 것은 원문 데이터 파일이다.

가치를 높이고, 서지학, 판본학, 한자학 연구의 효율성을 높이기 위해 원문의 자형을 최대한 구현하겠다는 목표를 세웠다. 따라서 다음과 같은 원칙에 따라 원문의 이체자를 판단하여 데이터셋을 마련해 데이터베이스에 활용하고자 하였다.

1) 대상:『漢談官話』에 사용된 616개 표제어를 대상으로 하며, 총 1,765개의 한자를 디지털화하는 과정에서 입력 대상의 이체자 판단을 위해 상용한자를 포함하고,[11] 유니코드 EXT_A와 EXT_B까지 대상을 확장하였다.

2) 이체자 판단 원칙:『漢談官話』 표제어의 한자 입력 과정에 한자 자형의 이체자 판단은 다음의 네 가지 경우를 고려하였다.

① 상용한자: 국내에서 통용되는 상용한자는 교육부 지정의 한문 교육용 기초한자 1800자에 사용된 한자를 가리키며 일반적으로 본자(本字)와 속자(俗字)가 있을 경우 본자를 선택하고 있다. 다만 현재 보급된 '한문 교육용 기초한자(편수용)'에서는 한자 글꼴(폰트)을 특정하지 않아 디지털화하는 과정에서 자형의 판단 기준으로 충분하지 않다.[12] 즉『漢談官話』 표제어의 한자를 입력할 때 상용한자로 입력

11　한자 입력 시 엑셀의 기본 글꼴로 지정된 '맑은 고딕'으로 입력하였다. 여기에서 글꼴에 따라 자형이 다르게 보이는 점을 언급하지 않을 수 없다. 예를 들어 '飯'의 경우 논문에 사용된 글꼴(본명조)을 기준으로 왼쪽 편방의 모양이 '食'과 다르게 보이는데, 이를 'KaiTi' 글꼴로 설정하면『漢談官話』의 이체자와 동일한 자형(飯 〈 飯)으로 출력된다. 그러나 본 연구에서 모든 글꼴에 따른 이체자 자형을 비교하기에는 한계가 있으므로, 논의의 편의를 위해 엑셀에 기본 설정된 '맑은 고딕'의 자형과 다른 경우에 이체자로 규정하였다.

12　온라인으로 사용 가능한 '한문 교육용 기초한자(편수용)' pdf 파일의 작성에는 한양중고

이 가능한 한자는 특정 글꼴을 고려하지 않고 우선으로 엑셀 프로그
램에서 디폴트로 설정된 글꼴('맑은 고딕')을 이용해 입력하였으며
상용한자로 입력이 어려운 한자는 이체자로 분류하여 다음 ②, ③,
④의 과정을 거쳐 입력하였다.

② 유니코드: 상용한자에 포함되지 않는 한자의 경우, 한중일 통합 한자
(CJK Unified Ideographs)를 기반으로 유니코드 확장 A, 확장 B(Unicode
EXT_A, Unicode EXT_B)까지 범위를 확장하여 입력하기로 원칙을 정
하고 필요 시 영역을 확대하였다. 이때 엑셀에서 직접 입력이 어려운
경우 '字統網'을 통해 유니코드 확장 I영역 한자인지 여부를 검토함
과 동시에 한국학진흥사업 성과포탈의 유니코드 한자 이체자 정보
사전(http://waks.aks.ac.kr/unicode/), 고려대학교 민족문화연구원 유니
코드 한자 검색기(http://riksdb.korea.ac.kr/) 등 유니코드 한자 입력 도
구를 이용하여 입력하였다. 그러나 유니코드 입력도 일부 한자는
한자 글꼴에 따라 원하는 한자의 형태가 지원되지 않는 경우가 발생
하기도 하고,[13] 『漢談官話』 표제어의 한자 상당수는 유니코드 확장
목록에 수록되지 않아 구현이 불가하였다. 이는 한중일 통합 한자

딕과 한양신명조 두 종류의 글꼴이 사용된 것으로 보인다. 그러나 실제 문서 중에는 한
자의 디지털 자료 구현을 위한 특정 글꼴이나 자형에 대한 언급은 없고 '한자의 자형은
정자로 표기하는 것을 원칙으로 한다(다만, 강희자전의 자형을 기본으로 하고 현재 널리
통용되는 자형을 고려하되, 한국에서 만들어진 한자는 한국에서 통용되는 한자를 기본으
로 한다.)'고 간략한 원칙만 언급하였다. 디지털 자료 보급이 보편화된 현재 상황에서 이
러한 모호한 원칙은 재고의 여지가 있다.

[13] 예를 들어 『漢談官話』에서 騎는 '騎'로 나타나는데 이 한자는 유니코드 확장 F U+2EA8D
로 이 책의 원고 작성에 사용된 본명조 글꼴로는 출력되지 않고 SimSun EXT-B 글꼴에
서 구현된다.

(CJK Unified Ideographs) 기반의 유니코드 목록 자체의 한계에 기인한 것으로, 이런 경우 다음 ③과 ④의 방법을 통해 이미지 파일로 입력해 대체하였다.

③ 유니코드 한자 목록에 등록되지 않는 한자 목록: ①과 ②의 과정을 통해 입력이 불가한 한자, 즉 유니코드에 등록되지 않은 한자의 경우에는 기존 이체자 자전에서 해당 이체자 자형을 확인하여 이미지를 제작하거나 기존 자전에 보이지 않는 자형은 별도로 해당 이체자 이미지를 제작하였다. 이체자 자형의 제작은 '字統網(https://zi.tools/)'을 통해 해당 이체자를 부건(部件)으로 분석, 조합하여 새롭게 이미지 파일로 제작하였으며, 이렇게 제작된 이미지 파일은 원문텍스트의 엑셀 파일에 함께 입력하였다. 기존 이체자 자형의 확인은 '한국고전종합DB 이체자 정보', '字海網', '臺灣 敎育部 異體字字典'을 이용하였다. 한편 이체자의 자형이 본자와 차이가 큰 경우, 해당 한자와 같이 사용된 단어 및 표현의 문맥 정보, 주음 정보와 뜻풀이 정보를 이용해 유추하였다. 예를 들어 嘪(嗖, EXT-B U+20DD9)은 자형만으로는 현재 통용되는 상용한자가 어떤 형태인지 유추가 쉽지 않으나 함께 사용된 한자 '使' 및 주음 '웬'과 한자어 뜻풀이 '役人'을 통해 喚으로 유추하였다.

④ ①-③의 과정을 거쳐도 확인되지 않은 소수의 한자는 『漢談官話』 원문의 자형을 캡쳐하여 입력하였다. 예를 들어 『漢談官話』 스캔본 원문 27페이지의 마지막 행에 '　'과 같은 자형이 출현하는데, 문맥상 巳 또는 蛇로 추정된다. 그러나 이 자형은 상기 이체자 자전에서 확인이 되지 않고 부건 분석을 통해 字統網에서 제작하기에도 어려

움이 있다. 이런 한자는 스캔본 원문에서 해당 자형을 캡쳐하여 이미지 파일로 엑셀 파일에 입력하였다.

이상의 과정을 통해 『漢談官話』의 616개 표제어는 1,765개 개별 한자로 입력되었고 대부분의 한자는 상용한자에 속하며, 이체자로 처리한 자형은 총 139가지이다. 이 중 유니코드 기본 자형은 32가지, 확장 목록에 속하는 이체자는 27가지이고, 새롭게 조합하거나 기존 이체자 자전의 이미지 및 원문 이미지를 사용한 자형은 75가지, 기타 4가지이다.

(2) 『漢談官話』의 디지털화 과정에서 이체자 처리와 유형 분류

이상에서 서술한 원칙에 따라 『漢談官話』에 나타난 이체자를 확인한 결과, 1,765개 개별 한자 중 314개 한자가 이체자로 분류되었다. 이 317개 한자를 자형에 따라 정리하여 총 139가지 자형이 도출되었다. '원문 데이터' 파일에 입력한 이체자 자형을 기준으로 총 59가지 유니코드 한자가 사용되었는데, 기본 유니코드 블록에서는 32가지, 확장 블록에 속하는 이체자는 27가지가 사용되었으며, 이중 유니코드 확장 A블록에 속하는 자형 10가지, 확장 B블록에 속하는 자형 16가지로 나타났다. 예외적으로 확장 F블록에 속하는 자형으로 '騎'가 있는데, 이는 유니코드 확장 F U+2EA8D에 해당하며 엑셀로 입력할 때 기본 글꼴로는 구현되지 않는 문제가 있어 별도의 글꼴을 사용하였다. 한편 유니코드에 코드가 부여되지 않아 이미지로 입력한 이체자는 총 75가지이다. 이 중 '한국고전종합DB 이체자정보', '字海網'이나 '臺灣 敎育部 異體字字典' 등 이체자 자전에는 수록되었으나 유니코드가 부여되지 않는 자형이 10가지, 字統網을 통해 한자의 부건을 분석, 조립하여 별도로 이미지를 제작한 자형이 54가지이며, 이체자 자전에 수록되지 않고 부건 조합이 불가능해 원문 텍스트의 한자를 캡처해 입력한 자형이 12가지가 존재한다. 별도로 자형 이미지를 제작한 54가지 이체자는 『漢談官話』 텍스트 내에서 대체로 일관되게 사용되지만, 일부 한자는 2가지 이상의 자형이 사용되기도 한다. 예컨대 發은 發(U+767C)과 發(字統網 조합 이미지) 두 가지 자형이 사용되며, 纏에 해당하는 자형은 絻과 綫 두 가지가 사용되는데 모두 유니코드로 지원되지 않는 자형이다.

[표 2] 이체자 입력 방식을 기준으로 분류한 『漢談官話』의 이체자 자형과 사용 현황

이체자 입력 유형		이체자 유형의 종류 개수	『漢談官話』 내 출현 횟수
유니코드 입력		59	144
이미지 파일	이체자자전	10	20
	원문 캡처	12	18
	부건 조합 (字統網)	54	129
기타		4	6
총합		139	317

『漢談官話』의 저자는 책을 필사하는 과정에서 다양한 이체자를 사용하였는데, 이 과정에서 일관된 사용을 보이는 자형이 있는가 하면 그렇지 않은 자형도 있다. 예컨대 關, 蠟, 貌, 發, 樣, 纏은 『漢談官話』 안에서 두 가지 이상의 자형으로 나타난다.

[표 3] 자형이 2개 이상 사용된 이체자

상용자 자형	이체자 자형1	이체자 자형2	이체자 자형3
關	□門□ˇ天	関(U+95A2)	
蠟	□虫□ˋˋ闪用	□虫□巛闪用	
貌	皃(U+34B5)	貌(U+27CD6)	
發	□癶□弓攵	發(U+24F32)	
纏	□糸□免□ⴹ人	□糸□ˊㄇ口儿	
樣	□木□羊儿	□扌羊	様(U+69D8)

『漢談官話』는 수록 표제어의 수가 많지 않고 표제어 항목인 단어가 다른 표제어 항목의 구 표현에도 사용되는 예가 적지 않아 전체 한자 수에 비해 어휘 수가 적은 편이다. 즉 반복 출현하는 한자가 상당히 많은 편인데, 이렇게 중복 출현하는 한자라도 자형이 일관되지 않은 경우가 많다. [표 3]은 현대의 상용자 자형이 출현하지 않고 동일 한자에 대해 복수의 이체자 자형을 사용한 것이라면, [표 4]는 현대 상용자 자형과 함께 이체자 자형이 같이 출현한 예이다.

[표 4] 동일 한자에 대해 상용자 자형과 이체자 자형이 사용된 예

상용자 자형	이체자 자형	이체자가 사용된 표제어	상용자 자형이 사용된 표제어
幾	幾	多大年幾/幾位哥兄/幾位公子/令郎幾位/幾品/咱們好幾年親分/幾天工夫(7개)	好幾塘去過北京(1개)
睡	睡	睡腥/睡覺(2개)	飯也不能喫睡也睡不着(1개)
敢	敢 (□□工耳攴)	不敢當(1개)	怎敢哄你/不敢ㄷㄷ(2개)

상용자 자형	이체자 자형	이체자가 사용된 표제어	상용자 자형이 사용된 표제어
過	過(⿺辶⿱口⿰刀丶同)	過過秤/嘱過咧/過來/心裡過不去/過去北京麼/沒過去/萬一沒過去/好幾塘去過北京(8개)	跳過橋/過江/沒去過/去過/沒來過/便過了(6개)
那	邢(⿰尹阝)	日出三竿那/外頭發黑那沒有/你們那邊兒/那巴剌多遠那/那個地方/住家那兒/用飯那沒有/府上那兒/那位是誰/喫完那/沒那兒樣規矩/病好那/自然那/我等ㄷ你那(14개)	那巴剌多遠那의 첫 번째 那/就一嘴話的得兒那/洗臉那(3개)
書	書(⿱⿻聿曰)	四書/念書/文書(3개)	尙書/文書部(부류명칭)/書本/勅書(4개)
兒	兒(⿱臼儿)	昨兒個/大前兒個/後兒個/今兒個/一下兒鍾/味兒好/飯菜兒/味兒不對/点点數兒/多兒錢一担/這個叫名頭兒甚麼/兒媳婦/心口兒疼/話頭兒能句/這兒來/就一嘴話的得兒那/一点兒不錯/長一点兒/短一点兒/些不些兒/今兒個天氣也狠好/一候兒請你哈一鍾酒/明兒個給你作揖去/昨兒個天氣狠冷(25개)	底些兒/今兒個冷的狠/你們那邊兒/我們這塊兒/前兒個/明兒個/大後兒個/一候兒/甚麼時候兒/点燈時候兒/住家那兒/府上那兒/多候兒趂身/明兒個早趂看/味兒這模樣/外褂兒/枕頭兒/畫ㄷ兒/沒那兒樣規矩/沒法兒說(19개)
酒	诌(⿰讠酉)	酒壺(1개)	燙酒/洒酒/還有兩三碟酒菜/一候兒請你哈一鍾酒(4개)
就	就(⿰京尤)	就是了(1개)	就走/就一嘴話的得兒那/送信就來罷(3개)
巴	卭(⿰丨己)	鍋巴水(1개)	那巴剌多遠那/雜巴剌東西(2개)

[표 4]의 한자들은 일부를 제외하면 최소 3번 이상 사용되는[14] 비교적 고빈

도 한자이다. 이렇게 해당 자형이 고빈도로 출현한다는 것은 당시 우리나라 사람들의 서사 생활에서 일반적으로 쓰이는 자형일 가능성을 제기하게 한다. 그럼에도 불구하고 이들이 아직 유니코드 확장 한자로 등록되지 않은 것은 동일한 이체자 자형으로 쓰인 문헌 사례가 충분히 취합되지 않음에 기인할 것이다. 이와 같은 상황에서 우리나라 문헌에 쓰인 이체자의 전면적인 검토를 통해 유니코드 한자로 등록하는 일은 매우 의미 있다고 할 수 있으며, 상기와 같은 작업은 이 과정에서 매우 중요한 근거 자료가 될 것이다.

2) 한자의 표준화와 이체자 보존

본 연구가 『漢談官話』를 디지털화하는 과정에서 모든 한자를 상용한자의 자형으로 교정해 입력하지 않고 이체자를 가능한 구현 하고자 한 것은 『漢談官話』의 판본을 최대한 보존하기 위함이었다. 바꿔 말하면 본 연구가 진행한 디지털화 작업과 데이터베이스 구축은 궁극적으로 『漢談官話』의 디지털화된 이본(異本)을 지향한다. 디지털화 이본이되 가능한 한 원문과의 괴리를 줄이고 이용과 접근의 편의성을 도모하고 문헌학적 가치를 보존하고자 노력하고 있으며 기술의 발전과 함께 정밀도와 정확성이 더 높아질 것으로 기대한다. 따라서 본 연구에서 이체자를 보존하고자 하는 노력은 다양한 방식으로 진행하였다. 이러한 노력은 자동으로 중국 문자의 자형을 디지털 자료로

---

14 『漢談官話』에서 중첩하는 형식은 원문에는 'ㄷ'이라는 기호로 표시되나 디지털화 과정에서 모두 중첩 형식을 그대로 다시 썼다. 따라서 2번 이상 사용된 한자는 굉장히 많은 편이므로 3번 이상 출현하는 한자는 상대적으로 고빈도 한자이며, [표 4]에서 볼 수 있듯이 '兒'가 총 44회 출현하여 최고빈도 출현을 보인다. 이런 고빈도 한자도 두 가지 다른 자형으로 나타나는 것은 흥미로운 현상이다.

입력하는 도구와 글꼴의 개발과 이체자를 한자의 구성 원리를 통해 자동으로 입력할 수 있는 체계로 요약된다. 본 연구에서는 앞서 언급한 IDS를 이용해 기존 한자와 다른 자형을 디지털 데이터로 입력할 때 한자를 조합하는 원리와 조합 대상 문자를 합치는 방법을 채택하였다. 『漢談官話』에 출현하는 모든 이체자는 이를 통해서 매핑이 가능하며, 검색 시 유사한 형태의 이체자를 동일한 글자로 검색 결과에 제시하는 근거가 된다. 다만 이 방법도 유사한 형태의 이체자 자형 간에 존재하는 미세한 그래픽적 차이를 구별할 수는 없는 한계가 있다. 이러한 차이를 반영하기 위해 字統網에서 한자를 조합할 때 사이트에서 연결된 KageEngine[15]을 사용하는 Kage Editor[16]를 통해서 구체적인 모양을 편집할 수 있다. 예를 들어 '⽥イ ｜⽇⼆夫' IDS는 '候'를 나타내는데, 字統網에서 이를 입력하면 [그림 9]와 같이 표시된다.

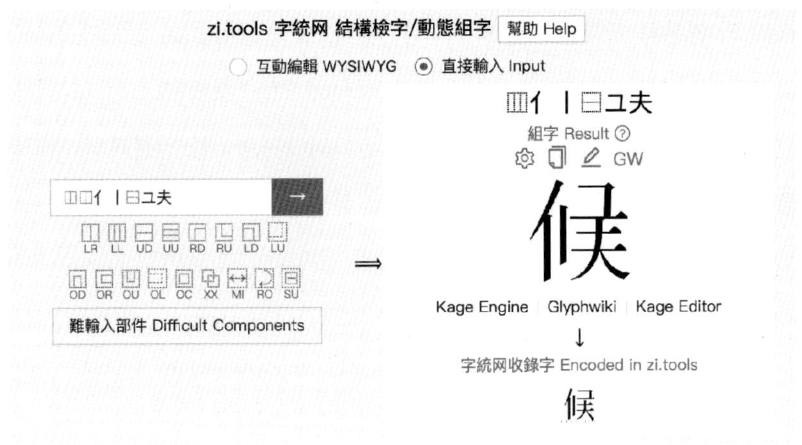

[그림 9] 字統網의 이체자 출력 예 1

---

15 https://github.com/kamichikoichi/kage-engine

16 https://github.com/kurgm/kage-editor

조합하여 출력된 한자의 모양이 획의 배치나 모양이 충분히 원문의 한자 형태를 반영하지 못할 때, Kage Editor 기능을 이용해 출력된 한자의 획을 편집하여 모양을 변경할 수 있다.

[그림 10] 字統網의 이체자 출력 예 2

[그림 10]에서 출력된 한자의 모양, 예를 들어 그와 夫 두 부건의 위치가 부자연스러우면 편집 기능을 활성화하여 해당 필획의 위치, 길이, 모양을 그림 8처럼 조정할 수 있다. 수정한 결과는 바로 그림 파일로 저장된다. 벡터 그래픽으로 가져오는 것도 가능하지만 이번 『漢談官話』의 데이터베이스 구축 과정에서는 검색 결과 매핑 자동화 과정의 효율성을 위해 제외하였다.

이렇게 만들어진 이체자 자형 이미지는 GlyphWiki에 문자로 등록하고 결과물을 글꼴로 변경하는 것도 가능하다. IDS를 사용하게 되면 모든 이체자를 체계적으로 관리할 수 있고 누구나 쉽게 이체자 자형을 조합하여 문자로 등록할 수 있으며 다른 연구자가 등록한 이체자의 모양과 관련 정보를 서로 공유할 수 있다. 특히 字統網에서는 기존 등록된 이체자 간 정보가 다양하게 연결되어 이체자 간 변화 방향과 변화 동기를 해석하고 있다. 이와 같이 이체자의 디지털화와 디지털화한 이체자 자형의 보존은 디지털 기반 자양학(字樣學), 디지털 기반 판본 연구 등 디지털 인문학에 새로운 발전 방향을 제시할 수 있을 것이다.

4. 나오며

본 연구는 조선시대 민간 필사본 유해류 『漢談官話』의 원문과 검색용 데이터베이스 구축과정에 대해 논의하였으며, 그중에서도 가장 특징적이라 할 수 있는 이체자 처리 과정에 대해서 고찰하였다. 본 연구는 유해류 문헌의 원문 및 언어 정보 검색이 가능하도록 고도화한 최초의 데이터베이스로, 『漢談官話』의 보존적, 연구적 가치 및 조선시대 이체자 자형의 디지털화 수준을 제고했다는 의의를 갖는다.

『漢談官話』는 총 18개 부류, 613개 어휘를 수록하고 있는데, 기존의 유해류에서 보이는 '천체', '시간', '날씨', '지리' 등의 일반적인 부류를 통합하여 단순화하고, 또한 '一字部', '不字部', '長語類'와 같은 새로운 부류를 추가하여 실생활에서 활용도가 높은 어휘 위주로 수록함으로써 실용성을 극대화하였다. 한편, 표기의 측면에서 『漢談官話』는 뜻풀이가 필요하지 않을 경우에 공백으로 놔두거나, 'ㄷ'으로 한자 중복을 표기하고('熱ㄷ的'), '兒'가 후행할 때 두 글자를 한 음절로 표기하는(今兒질) 등 기존 유해류 서적의 표기와 사뭇 다른 특징을 보였다. 이런 체재와 내용에 대한 분석은 정확하고 정교한 『漢談官話』의 데이터베이스를 구축하는 기초 작업이 되었다.

『漢談官話』의 데이터베이스는 크게 원문 데이터와 검색용 데이터로 나누어 구성된다. 원문 데이터는『漢談官話』의 문헌의 형태를 그대로 살려 디지털화한 것으로, 내용에 대한 교정을 전혀 거치지 않았으며, 특히 이체자 자형을 그대로 보여주는데 주안점을 두었다. 원문 데이터는 '원문'은 'ID', '중국어 단어(원본 자형)', '중국어 단어(상용자 자형)', '이체자1', '이체자2', '음', '원문 풀이', '현대어 번역', '비고', '위치(페이지-행)'으로 나누어 입력하였다. 한편 검색용 데이터는 검색 시 원문 데이터와 매핑을 위한 데이터로, 원문 데이터에서 독립된 행으로 들어간 부류 정보를 칼럼 형태로 추가하였다. 또한 원문에서 주음이 생략된 글자는 삭제하고, 원문에서 'ㄷ'으로 표기된 부분은 앞 글자를 중복하여 입력하였으며, 이체자 자형을 IDS 이체자 표기 체계와 이미지 형태로 입력했다. 검색용 데이터의 원문 풀이와 현대어 번역의 한글은 NFD 방식으로 두지하여 주음 검색을 위한 음절, 성모, 운모를 기준으로 한 데이터 구조로 두지하였다.

『漢談官話』의 이체자는 일차적으로 유니코드의 문자열과 IDS 방식을 사용하여 웹상에서 자동 출력되도록 하였으나, IDS 방식으로도 구현할 수 없는 경우에는 '중국어 단어(원문 자형)'에는 '〈상용한자〉' 형식으로 기입하고, 가독성이 높은 '한국고전종합DB 이체자정보', '字海網', '臺灣 敎育部 異體字字典'의 이체자 이미지를 삽입하였다. 이 사이트에서도 나타나지 않는 이체자 자형은『漢談官話』이미지를 직접 캡처하여 삽입하였다. 이들은 이체자 자동 변환 프로그램을 이용하여 특정 문자열을 만나면 해당 글자의 이미지를 보여주는 방식으로 변환되도록 설계하였다.

이렇게 문헌의 모습을 그대로 보여 주는 원문 데이터와 고도화된 언어 정보를 담고 있는 검색용 데이터는『漢談官話』의 보존과 복원이라는 기능적 역할 이외에도, 원문을 바탕으로 한 정확한 연구와 검색을 통한 고도의 언어 정보 획득을 가능하게 만든다. 다만 『漢談官話』에 사용된 이체자를 그대로 복원하는 데 한계가 있고, 이를 표준화하는 방안에 대해서는 더욱 심도 있는 연구가 필요하다. 본 연구가 앞으로 국내 문헌을 기반으로 한 고도화된 데이터베이스 구축과 발전에 기여할 수 있기를 바란다.

『한담관화』 현대어 번역

해제

① 이하의 내용은『漢談官話』의 모든 부분을 입력한 것이다. 크게 표지, 서문, 본문(표제어가 제시된 부분)으로 나뉜다.

② 입력한 내용은 크게 '중국어 단어'의 '원본 자형'과 '상용자 자형', '음', '원문 풀이', '현대어 번역'과 위치이다.

③『漢談官話』에는 이체자가 많이 출현하기 때문에, 원문 그대로의 자형을 보여주기 위해서 표제어는 원본 자형과 상용자 자형으로 나누어 입력하였다. 이체자 중 유니코드에 등록되지 않은 글자는 '字統網(https://zi.tools/)'에서 자형을 만들어서 이미지로 입력하였다.

④ '음'은『漢談官話』의 표제어에 대해 저자가 주음한 것을 입력한 것이다. 일부 글자의 주음에 ㅈ, ㅅ, ㅈ, ㅅ와 같이 왼쪽 혹은 오른쪽 획을 길게 쓴 부분이 있으나, 한글 자음의 ㅈ 혹은 ㅅ으로 통일하여 썼다. ㅇ도 역시 한글 자음의 ㅇ으로 썼다.

⑤ '원문 풀이'는『漢談官話』의 표제어에 대해 저자가 번역한 부분으로, 당시 언해문으로 풀이한 곳도 있고 표제어와 동일한 어휘를 다시 한번 쓴 경우도 있으며, 언해문으로 풀이하지 않은 곳도 있다. 언해문으로 풀이하지 않은 경우에는 빈칸으로 남겨두었다.

⑥ '현대어 번역'은『漢談官話』의 표제어를 현대 한국어로 번역한 것이다. 번역 원칙은 다음과 같다.

- 현대어 번역은 '중국어 단어'에 대한 번역을 원칙으로 한다.
- 『漢談官話』의 언해문에 쓰인 단어가 국어사전에 등장하지만, 상용하지 않을 경우에는 다시 자세히 풀이한다.
- 해당 어휘에 대한 언해문 풀이 외에 다른 뜻이 있을 경우, 이 다른 뜻도 역시 번역문의 내용 안에 포함한다.

⑦ 역자주에는 이 책의 2장에서 언급하지 않은 자형, 주음, 뜻풀이, 현대어 번역 등에 있어서의 특이 사항에 대해서 기록하였다.

⑧ 위치는 이화여자대학교 중앙도서관(https://lib.ewha.ac.kr/)의 '원문보기'에 보이는 '쪽-행'을 기입하였다.

중국어 단어 (원본 자형)	중국어 단어 (상용자 자형)	음	원문 풀이	현대어 번역	위치 (페이지-행)
漢談官話	漢談官話				1
漢談官話	漢談官話				1
此是	此是			이 책은	2-1
父主親筆 不可輕 實也	父主親筆 不可輕 實也			부친께서 친필로 작성하신 것이라 가벼이 둘 수 없어	2-2
壬寅之夏 六月念九 日重衣	壬寅之夏 六月念九 日重衣			임인년 여름 (음력) 6월 29일에 다시 옮겨 적었다.	2-3
人事官職 部 附品級	人事官職 部 附品級			인사 및 관직 관련 어휘, 품계와 직급 관련 어휘 추가	4-1
皇上	皇上	황샹		현재 살아서 나라를 다스리고 있는 황제를 가리키는 말	4-2
閣老	閣老	거랍		내각의 원로, 중국 명나라 때 재상(宰相)을 이르는 말	4-3
尙書	尙書	챵슈		상서(고려 시대에 둔 육부(六部)의 으뜸 벼슬 또는 중국에서 천자와 신하 사이에 오가는 문서에 관한 일을 맡아보던 벼슬)	4-4
國王	國王	궈왕		나라의 임금	4-5

중국어 단어 (원본 자형)	중국어 단어 (상용자 자형)	음	원문 풀이	현대어 번역	위치 (페이지-행)
欽差大人	欽差大人	칭치다인		흠차대신(황제를 대리해 파견되는 관리)	4-6
觀察使	觀察使	관차스		관찰사(도(道), 주(州), 부(府), 현(縣) 등 각 지방을 관할하는 장관)	4-7
萬崴爺ㄷ[1]	萬歲爺ㄷ	완쉬여ㄷ		신하와 백성들이 황제를 지칭하던 말	4-8
中堂	中堂	중탕		중당(재상의 다른 이름)	5-1
侍郎	侍郎	시랑		시랑(각 부(部)의 부장관)	5-2
大官	大官	다관		대신, 고관대작	5-3
遠接使 大人	遠接使 大人	원졔스 다인		원접사(중국 사신을 멀리까지 나가 맞았던 임시 벼슬)	5-4
地方官	地方官	미[2]방관		지방관(도(道), 주(州), 부(府), 현(縣) 등 각 지방의 행정을 책임지는 벼슬)	5-5
中使	中使	즁스		중사(궁에서 왕의 명령을 전하는 내시)	5-6
擧人	擧人	쥐인		거인(향시(鄕試)에 합격한 사람)	5-7
陞官	陞官	승관		(관직에서) 승진하다	5-8
小官	小官	샤관		(관리가) 자신을 가리키는 말	6-1

중국어 단어 (원본 자형)	중국어 단어 (상용자 자형)	음	원문 풀이	현대어 번역	위치 (페이지-행)
一品寶石	一品寶石	이핀바시		일품(一品)의 보석 증자 (모자 꼭지의 꾸밈새)	6-2
二品珊瑚	二品珊瑚	얼핀샨후		이품(二品)의 산호 증자	6-3
三品亮藍	三品亮藍	쌴핀량난	亮之稱朗 也	삼품(三品)의 밝은 푸른 수정 증자 亮은 朗(맑다)을 일컫는다	6-4
四品穢藍	四品穢藍	쓰핀 예³난	穢之稱濁 也	사품(四品)의 탁한 푸른 수정 증자 穢는 濁(흐리다)을 일컫는다	6-5
五品良白	五品良白	우핀량비		오품(五品)의 깨끗한 백옥 증자	6-6
六品穢白	六品穢白	누핀예비		육품(六品)의 흐린 백옥 증자	6-7
七八九品 銅頂子	七八九品 銅頂子	치바긱핀 통징즈		칠품(七品)과 팔품(八品)의 구리 증자	6-8
進士	進士	신⁴쯔		진사(소과의 첫시험에 급제한 사람)	7-1
秀才	秀才	싀치		수재(원래는 과거시험 과목 이름이나 과거에 응시한 사람 또는 지방 학교에 입학한 사람을 일컬음)	7-2
高陞	高陞	간승	陞官	(관직에서) 승진하다(陞官)	7-3

중국어 단어 (원본 자형)	중국어 단어 (상용자 자형)	음	원문 풀이	현대어 번역	위치 (페이지-행)
托福	托福	토부	致謝也	감사의 뜻을 표하는 것이다(致謝也), 덕분이다	7-4
賫咨官	賫咨官	져즈관		재자관(賫咨官, 중국에 공문을 전달하거나 달력을 운반해오기 위해 파견한 연락관원)	7-5
冬大季	冬大季	둥다지	冬至使	동지사(冬至使, 동짓달에 중국으로 파견하던 사신)	7-6
跟班的	跟班的	근반지	侍從人也	시중드는 사람이다(侍從人也), 시종, 종자, 수행원	7-7
通官	通官	통관		통역관	7-8
頭目	頭目	투쿠	從人	따라다니는 사람(從人), 종자	8-1
底些們	底些們	지져[5]문	下人	하인(下人), 하인들	8-2
皇曆上	皇曆上	황리샹ㄴ	皇曆時	황력(皇曆)의 시기에(皇曆時), 황력(皇曆)에 따르면, 황력에	8-3
小季	小季	쌴지	別使	별사(別使, 특별한 사명을 받아 별도로 파견된 사신)	8-4

중국어 단어 (원본 자형)	중국어 단어 (상용자 자형)	음	원문 풀이	현대어 번역	위치 (페이지-행)
使嗄	使喚	시훤	役人	관아의 심부름꾼(役人, 관아나 육주비전에 소속되어 일하는 사람)	8-5
底些兒	底些兒	지져아	下也	아랫사람이다(下也), 하인	8-6
在下	在下	지빠	謙己之語	자신을 겸손하게 가리키는 말(謙己之語), 저, 소인, 소생	8-7
官婊	官婊	관뱌	妓生	기생(妓生), 관가에 소속된 기생	8-8
男子	男子	난즈		남자(男子)	9-1
老大人	老大人	롸다인	부친	부친, 아버님	9-2
老人家	老人家	롸인쟈	늘그니	노인(老人), 어르신	9-3
妳ㄷ	妳(奶)ㄷ	니⁶ㄷ	계집	여자, 어머니, 유모, 할머니	9-4
偏房	偏房	편방	첩	첩	9-5
小娘	小娘	쌴양	첩	첩	9-6
娘們	娘們	양믄	계집들	여자들	9-7
出嫁	出嫁	추쟈		시집가다	9-8
名帖	名帖	밍쳐		명첩(名帖, 성명, 신분 등을 적은 종이쪽)	10-1
天文部	天文部			천문 관련 어휘	10-2
天亮	天亮	텬량	日曙	날이 밝다(日曙), 동이 트다, 새벽	10-3

중국어 단어 (원본 자형)	중국어 단어 (상용자 자형)	음	원문 풀이	현대어 번역	위치 (페이지-행)
月亮	月亮	원⁷량	月明	달이 밝다(月明), 달	10-4
發紅	發紅	바훙	日上	해가 올라오다(日上), 해가 붉게 비치다	10-5
雪大	雪大	쉐다	積雪	쌓인 눈(積雪), 눈이 많이 내리다	10-6
罩霧	罩霧	쟈우	大霧	짙은 안개(大霧), 안개가 자욱하게 끼다	10-7
刮大風	刮大風	과다풍	大風	강한 바람(大風), 바람이 세게 불다	10-8
偏冷	偏冷	편능	日寒	날씨가 춥다(日寒), (날씨가) 제법 춥다	11-1
狠冷	狠冷	헌능	大寒	심한 추위(大寒), (날씨가) 매우 춥다	11-2
天氣暖和	天氣暖和	텬지란화		날씨가 따뜻하다	11-3
日出三竿邪	日出三竿那	이츄샨간나		해가 장대 세 개 높이만큼 높이 뜨다, 해가 중천에 뜨다	11-4
開東	開東	캐둥	天明	하늘이 밝아지다(天明), 동이 트다, 새벽녘	11-5
下雨	下雨	뺘워	雨來	비가 오다(雨來), 비가 내리다	11-6
下雪	下雪	뺘쉐	雪來	눈이 오다(雪來), 눈이 내리다	11-7
打霜	打霜	다솽	布霜	서리가 깔리다(布霜), 서리를 맞다	11-8

중국어 단어 (원본 자형)	중국어 단어 (상용자 자형)	음	원문 풀이	현대어 번역	위치 (페이지-행)
刮風	刮風	과붕	風吹	바람이 불다(風吹), 바람 불다	12-1
天氣冷呵	天氣冷呵	텬지능아	日氣冷也	날씨가 차다(日氣冷也), 날씨가 춥다	12-2
今兒個冷 的狠	今兒個冷 的狠	질거능 지흔	言今日之 寒	오늘이 춥다는 말이다(言今日之寒), 오늘 (날씨가) 매우 춥다	12-3
雨晴了	雨晴了	위칭랴	雨晴	비가 개다(雨晴), 비가 그치고 날이 개었다	12-4
太陽落了	太陽落了	틔양루랴	日落	해가 떨어지다(日落), 해가 졌다	12-5
風大雪深	風大雪深	붕다쉐신	大風大雪	센 바람과 큰 눈(大風大雪), 바람이 세게 불고 눈이 많이 쌓이다	12-6
外頭發黑 那沒有	外頭發黑 那沒有	왜투뱌히 라무우	問外面之 暗也	바깥이 어두운지 묻는 것이다(問外面之暗也), 밖이 어두워졌느냐?	12-7
地理部	地理部			지리 관련 어휘	12-8
東西南北	東西南北	둥시난베		동서남북	13-1
老不走北	老不走北	란부쥬베		나이 들어서는 북쪽으로 가지 않는다	13-2
少不走南	少不走南	쌴부쥬난		젊어서는 남쪽으로 가지 않는다	13-3
道路	道路	단루		도로, 길	13-4

중국어 단어 (원본 자형)	중국어 단어 (상용자 자형)	음	원문 풀이	현대어 번역	위치 (페이지-행)
大道	大道	다단		큰 길	13-5
抄道	抄道	챠단	徑路	지름길, 지름길로 질러가다	13-6
盤纏	盤纏	판쳔[8]	資斧	노자, 여비, 먼 길을 떠나있는 동안 드는 비용, 사행(使行)에 소요되는 비용	13-7
修道	修道	싀단		길을 닦다, 도를 닦다, 수도하다	13-8
石道	石道	시단		돌길, 돌을 깐 길	14-1
坑子	坑子	쿵쥬	地坑	땅의 구덩이(地坑), 구덩이, 웅덩이	14-2
坡子	坡子	피쥬	山坡	산비탈(山坡), 언덕	14-3
獨木橋	獨木橋	무[9]무챠		외나무 다리	14-4
臨津江	臨津江	리[10]진땅		임진강(臨津江)	14-5
江水	江水	땅쥐[11]		강수(장강), 강물	14-6
平道	平道	핑단		평평한 길	14-7
彎道	彎道	완단	에음길	에움길, 굽은 길, 에워서 돌아가는 길	14-8
橋	橋	챠		다리, 교량	15-1
嶺頭	嶺頭	링투		산꼭대기, 오령(五嶺)의 꼭대기	15-2
跳過橋	跳過橋	챠[12]고챠	징검다리	징검다리	15-3

중국어 단어 (원본 자형)	중국어 단어 (상용자 자형)	음	원문 풀이	현대어 번역	위치 (페이지-행)
過江	過江	고꽝		강을 건너다, 장강을 건너다	15-4
開船	開船	키쵠	槳舡	배를 몰다, 배를 출발시키다, 출범하다	15-5
濺泥	濺泥	쪤이	진흙쮜다	진흙이 튀다, 흙탕물이 튀다	15-6
打点地方	打点地方	다뎐지방	点心酒幕	낮 끼니를 하는 주막(点心酒幕), 여장을 꾸리는 곳	15-7
快ㄷ的 登山	快ㄷ的 登山	쾌ㄷ지 등산	길밧비쩌 나다	길을 바삐 떠나다, 서둘러 산을 오르다	15-8
還有十 里地	還有十 里地	히우우시 리지		아직 십리 길이 남았다	16-1
你們那 邉兒	你們那 邊兒	니문나 콰[13]라	너의 뎌긔	당신들이 있는 그곳	16-2
別處裡	別處裡	볘츄리	異處	다른 곳(異處), 다른 곳에서	16-3
觀景	觀景	관깅		경치를 바라보다	16-4
存地方	存地方	츈지방	宿所 留所	숙소, 머무르는 곳(宿所, 留所)	16-5
那巴剌多 遠邢	那巴剌多 遠那	나바리[14]도 원나	뎌긔가얼 마나머냐	그곳이 얼마나 먼가?	16-6
我們這 塊兒	我們這 塊兒	오문져 콰라	우리여 긔셔	우리 여기, 우리 이곳	16-7
邢個地方	那個地方	나거지방	어늬곳	어디, 어느 곳	16-8

중국어 단어 (원본 자형)	중국어 단어 (상용자 자형)	음	원문 풀이	현대어 번역	위치 (페이지-행)
沒去過	沒去過	믜취고	못간다[15]	가본 적이 없다	17-1
去過	去過	취고	갓느냐 가보앗 느냐[16]	가본 적이 있다 가보았다	17-2
沒来過	沒来過	믜리고	못왓 느냐[17]	온 적이 없다, 와본 적이 없다	17-3
七八°[18]年 成分	七八年 成分	치바 푼년쳥[19]	豊年	풍년(豊年), 작황이 좋음	17-4
你頭里走	你頭里走	니투리쥬	너먼져가 거라	네가 먼저 가라, 네가 앞서 가거라	17-5
快ㄷ的 去罷	快ㄷ的 去罷	쾌ㄷ지 취바	쌀니가쟈	빨리 가자	17-6
赶到来	赶到来	간돨리	싸라오라	따라와라, 뒤쫓아와라	17-7
走罷	走罷	조바	가거라	가라, 가자	17-8
就走	就走	쥑쥬	즉시가다	즉시 가다, 바로 가다	18-1
站着	站着	잔져	머무다	머물다, 서 있다	18-2
前兒個	前兒個	쳐라거	그젹긔	그저께	18-3
明兒個	明兒個	며라거	来日	내일(來日)	18-4
大後兒個	大後兒個	다후라거	글피	글피	18-5
昨兒個	昨兒個	조라거	어졔	어제	18-6
大前兒個	大前兒個	다쳐라거		그끄저께	18-7
後兒個	後兒個	후라거	모리	모레	18-8
柵門	柵門	차라문[20]		울타리, 울타리 모양의 문	19-1

중국어 단어 (원본 자형)	중국어 단어 (상용자 자형)	음	원문 풀이	현대어 번역	위치 (페이지-행)
盛陽	盛陽	성양	瀋陽	심양(瀋陽, 오늘날 랴오닝성 선양시)	19-2
狠難走	狠難走	흔난조		걷기 어렵다, 다니기 어렵다	19-3
我後頭慢 ㄷ的跟 着去	我後頭慢 ㄷ的跟 着去	오후투만 띠근져춰	늬뒤희쳔 〃[21]이오라	내 뒤로 천천히 오거라, 저는 뒤에서 천천히 따라서 가겠습니다	19-4
赶上	赶上	간상	싸라오라	따라 오거라, 따라잡다, 따라붙다	19-5
収拾行李	收拾行李	쉬시힝니		짐을 정리하다	19-6
咱們同去	咱們同去	자문퉁춰	우리갓치 가쟈	우리 같이 가자, 우리는 같이 간다	19-7
纔来	纔来	치리	인졔오다	이제야 오다	19-8
囬去	回去	휘춰	도라가다	돌아가다	20-1
邉門口	邊門口	변문쿠		곁문어귀[22]	20-2
時令部		見上六〇[23]		절기 관련 어휘	20-3
今兒個[24]	今兒個	진아[25]거		오늘	20-4
晩上	晚上	완샹	夜	밤(夜), 저녁	20-5
一夜工夫	一夜工夫	이여궁푸	하로밤 동안	하룻밤 동안, 하룻밤 사이에	20-6
鷄叫	鷄叫	지쟏	닥우다	닭이 울다, 계명(鷄鳴, 새벽 동이 트다)	20-7
剛纔	剛纔	강치	앗가	아까, 지금 막, 방금	20-8

중국어 단어 (원본 자형)	중국어 단어 (상용자 자형)	음	원문 풀이	현대어 번역	위치 (페이지-행)
晌午	晌午	샤[26]우	午時	정오(午時, 오전 11시에서 오후 1시 사이), 한낮	21-1
小盡	小盡	샨진	小月之稱	작은달(小月, 양력으로는 30일, 음력으로는 29일인 달)을 가리키는 명칭(小月之稱), 그믐 전날	21-2
一下兒鍾	一下兒鍾	이빠라중	未初 丑初	미시의 처음(未初), 즉 오후 1시 축시의 처음(丑初), 즉 오전 1시 종을 한 번 치는 시각	21-3
天黑了	天黑了	톈희랴	日色昏暗	날이 어둡다(日色昏暗), 날이 어두워지다, 해가 지다	21-4
三更天	三更天	싼깅톈		한밤중, 삼경(三更)	21-5
天不早啊	天不早啊	톈부잔야	日晚	날이 늦다(日晚), 시간이 늦었다	21-6
一候兒	一候兒	이후라	잇다가	이따가, 곧, 잠깐	21-7
大盡	大盡	다진	大月之稱	큰달(大月, 한 달이 양력으로는 31일, 음력으로는 30일 있는 달)을 가리키는 명칭(大月之稱)	21-8

중국어 단어 (원본 자형)	중국어 단어 (상용자 자형)	음	원문 풀이	현대어 번역	위치 (페이지-행)
甚麼時候兒	甚麼時候兒	셔마시후라	어늬찌에	어느 때, 언제	22-1
馬上	馬上	마상	即今	지금 당장(即今), 즉시, 곧	22-2
点燈時候兒	点燈時候兒	젼등시후라	불켤찌	불 켤 때	22-3
寒暄部	寒暄部			한훤부	22-4
咱們初會	咱們初會	자문츄휘	우리쳐음맛낫다	우리는 처음 만났다, 처음 뵙겠습니다	22-5
貴姓	貴姓	귀싱	問姓	성씨를 묻는 말이다(問姓), 성씨가 어떻게 되시는지요?	22-6
多大年紀	多大年幾	도다년지	問年歲	나이를 묻는 말이다(問年歲), 연세가 얼마나 되셨는지요?	22-7
尊名	尊名	준밍	問名	이름을 묻는 말이다(問名), 존함이 어찌 되시는지요?	22-8
両堂俱慶	兩堂俱慶	낭[27]탕긔칭	양친시하냐[28]	양친을 모시고 계시나요? 양친께서는 모두 살아 계시지요? 양친 모두 생존해 계시다	23-1
幾位哥兄	幾位哥兄	지위거슝	몃형졔냐	몇 형제신가요? 형제가 몇이십니까?	23-2

중국어 단어 (원본 자형)	중국어 단어 (상용자 자형)	음	원문 풀이	현대어 번역	위치 (페이지-행)
請坐	請坐	칭조	안지란말	앉으라는 말이다, 앉으십시오.	23-3
貴庚	貴庚	귀긍	问年歲	연세를 묻는 말이다(問年歲), 연세가 어떻게 되십니까?	23-4
我縗二十四	我纔二十四	오치얼 시쓰		저는 이제 겨우 스물 네 살입니다.	23-5
賤名	賤名	젼밍	苔名	이름을 답하는 말이다(苔名), 천한 이름, 자기 이름을 낮추어 겸손하게 이르는 말	23-6
幾位公子	幾位公子	지위궁즈	아들이 멋치냐	아들이 몇이나 되십니까? 아드님이 몇 명이신가요?	23-7
令郎幾位	令郎幾位	링낭지위	아들이 멋치냐	아드님이 몇 분이나 되십니까?	23-8
住家那兒	住家那兒	주자나올	집이 어듸냐	집이 어디인가요? 댁이 어디세요? 어디 사세요?	24-1
幾品	幾品	지핀		(관리로서) 몇 품이시오? 품계가 어떻게 되십니까?	24-2
跟大ㄷ人來	跟大ㄷ人來	근다ㄷ인리	다인짜라 오다	대인(大人, 고관)을 따라 오다	24-3
多站	多站	도잔	언제	언제, 얼마나 오래	24-4

중국어 단어 (원본 자형)	중국어 단어 (상용자 자형)	음	원문 풀이	현대어 번역	위치 (페이지-행)
統到這裡	纔到這裡	치단져리	이제야여 긔오다	이제야 여기에 오다, 이제야 간신히 이곳에 도착하다	24-5
騎馬来	騎馬来	치마릐	말타고 오다	말을 타고 오다	24-6
辛苦不少	辛苦不少	신쿠부샤		적잖이 고생하다	24-7
這位是誰	這位是誰	져위시쉬	이분은 누구냐	이분은 누구신가요?	24-8
好歇ㄷ罷[29]	好歇ㄷ罷	호셰ㄷ바	잘슈이다	잘 쉬십시오	25-1
明天看	明天看	밍텬칸	니日[30]보쟈	내일 보십시오	25-2
用飯邢 沒有	用飯那 沒有	융판나 무[31]위	밥먹엇 누냐?	밥 먹었습니까? 식사하셨습니까?	25-3
嗃過咧[32]	嗃過咧	편과례	밥먹엇다	밥 먹었습니다, 식사 다 마쳤으니 실례하겠습니다	25-4
沒事	沒事	무스	無事	일 없다(無事), 별일 없다	25-5
咱們好幾 年親分	咱們好幾 年親分	자문한지 년친분	우리여러 히친분	우리는 여러 해 동안 친분이 있다, 우리가 한 두해 친하게 지냈습니까	25-6
府上邢兒	府上那兒	부상나알		댁네, 댁에서	25-7
奉祿多少	奉祿多少	봉루도샨		녹봉(祿俸)이 얼마나 되십니까?	25-8
多候兒 起身	多候兒 起身	도후라 치신	언제써나 는냐	언제 떠나십니까?	26-1

중국어 단어 (원본 자형)	중국어 단어 (상용자 자형)	음	원문 풀이	현대어 번역	위치 (페이지-행)
幾天工夫	幾天工夫	지텬궁부	메칠동안	며칠 동안, 며칠 사이	26-2
一路上太平呵	一路上太平呵	이루샹티핑이[33]	길에티평이왓느냐	길에 태평하게 왔느냐? 가시는 길 내내 평안하시길 바랍니다[34]	26-3
坐車来	坐車来	조쳐리	차타고 왔는냐	차 타고 왔느냐? 차 타고 오다[35]	26-4
不苦辛	不苦辛	부쿠신		고생하지 않다, 고생스럽지 않다	26-5
邢位是誰	那位是誰	나위시쉬	이분은 누구냐	이분은 누구신가요? 저분은 누구시지요?	26-6
明兒個早起看	明兒個早起看	밍아거좐치칸	늬일〃즉 맛나쟈	내일 일찍 만나자, 내일 일찍 일어나 봅시다	26-7
洗臉那	洗臉那	시련나	낫찌셧느냐	낯을 씻었느냐? 세수하셨습니까? 세수하십니까?	26-8
便[36]過了	便過了	편고랸	밥먹엇나냐	밥 먹었습니까? 밥 먹었습니다, 식사를 먼저 마쳤으니 실례하겠습니다[37]	27-1
都大[38]平	都大平	두티핑	모다티평흐다	모두 태평하다, 모두 평안하다	27-2
看家信	看家信	칸자신	집편지보다	집 편지를 보다, 집에서 보내온 편지를 보다	27-3
送信	送信	승[39]신	긔별허다	기별하다, 편지를 보내다, 편지를 보내 소식을 전하다	27-4

중국어 단어 (원본 자형)	중국어 단어 (상용자 자형)	음	원문 풀이	현대어 번역	위치 (페이지-행)
送禮	送禮	승리	예물 보내다	예물을 보내다, 선물을 보내다	27-5
請安	請安	칭안	안부뭇다	안부를 묻다, 문안을 드리다	27-6
相好裡頭	相好裡頭	샹핫리투	조아ᄒᆞᆫ는 사이라	좋아하는 사이이다, 서로 좋아한다, 사이가 좋다	27-7
호子[40] 牛뉴丑 庶[41]후寅 兎투卯 龍룽辰 它[42]셔巳 馬마午 羊양未 猴흐申 鷄지酉 狗구戌 猪주亥	호子 牛뉴丑 虎후寅 兎투卯 龍룽辰 蛇셔巳 馬마午 羊양未 猴흐申 鷄지酉 狗구戌 猪주亥			쥐(자), 소(축), 호랑이(인), 토끼(묘), 용(진), 뱀(사), 말(오), 양(미), 원숭이(신), 닭(유), 개(술), 돼지(해)[43]	27-8
食餌部				음식 관련 어휘	28-1
做飯	做飯	쥬판	밥짓다	밥을 짓다, 밥을 하다, 취사(炊事)하다, 식사 준비를 하다	28-2
喫飯啊	喫飯啊	치판아	밥먹엇느냐	밥 먹었니? 식사하셨습니까?	28-3
鍋巴水	鍋巴水	고바쉬	슉늉	숭늉	28-4
燙酒	燙酒	탕쥬	슐데이다	술을 데우다	28-5

중국어 단어 (원본 자형)	중국어 단어 (상용자 자형)	음	원문 풀이	현대어 번역	위치 (페이지-행)
哈一鍾	哈一鍾	허이즁	한잔먹다	한 잔 마시다	28-6
你呢哈	你呢哈	니니허	네마셔라	너도 마셔라, 당신도 한 잔 드십시오	28-7
愛喫	愛喫	이치	질겨먹다	즐겨 먹다	28-8
各樣菜	各樣菜	거양치		갖가지 반찬, 여러 가지 반찬, 각종 반찬	29-1
喫完邪	喫完那	치완나	다먹엇느냐	다 먹었니, 다 드셨습니까?	29-2
味兒好	味兒好	울아한	맛조타	맛이 좋다, 맛있다	29-3
盛飯	盛飯	청판	밥담다	밥을 담다	29-4
喫飽	喫飽	치반	비부르게 먹다	배불리 먹었다. 배부르다	29-5
飯葉兒	飯葉兒	판예알	밥풀	밥풀	29-6
嘗ㄷ	嘗ㄷ	창ㄷ	맛보앗느냐 맛보다	맛보다, 맛 보았습니까	29-7
我不會哈	我不會哈	오부휘허	나슐먹글 쥴몰는다	저는 술을 못 마십니다	29-8
好喫	好喫	호치	먹기조아	맛있다	30-1
喫晚飯	喫晚飯	치완판		밥을 다 먹었다	30-2
嗽口	嗽口	슈쿠		입을 헹구다 (물로 헹구다)	30-3
味兒不對	味兒不對	울부뒤	맛조치 안타	맛없다	30-4

중국어 단어 (원본 자형)	중국어 단어 (상용자 자형)	음	원문 풀이	현대어 번역	위치 (페이지-행)
南甜北鹹 東竦[44]西酸	南甜北鹹 東竦西酸	난첸베썬 둥라시쀤	食性	남쪽 음식은 달고, 북쪽 음식은 짜며, 동쪽 음식은 맵고, 서쪽 음식은 시다	30-5
味兒這 皃樣	味兒這 模樣	우라져 무양	맛시엇더 ᄒ냐	맛이 어떠합니까	30-6
洒酒	洒酒	싀쥬	슐붓다	술을 붓다, 술을 따르다, 술을 땅에 뿌리다	30-7
飯菜	飯菜	판쳐		밥과 찬, 식사, 반찬	30-8
服飾部	服飾部			옷 관련 어휘	31-1
官帽	官帽	관만	큰마락이	관모(官帽), 관리가 쓰는 제모(制帽)	31-2
長袍	長袍	창팜	두루막이	두루마기, 장포, 중국 고유의 긴 남자옷, 중국 고유의 웃옷	31-3
長褂子	長褂子	창과즈	긴져구리	긴 저고리, 긴 홑옷 저고리, 중국식의 홑저고리	31-4
黼子	黼子	부즈	흉븨	흉배(胸背), 가슴과 등에 붙인 헝겊 조각	31-5
網子	網子	왕즈	망건	두건, 머리그물, 헤어네트(hairnet)	31-6
纘子	纘子	좐즈	상투	상투	31-7
舖盖	舖盖	푸기	이부자리	요와 이불, 침구	31-8
脫衣裳	脫衣裳	토이상	옷벗다	옷을 벗다	32-1

중국어 단어 (원본 자형)	중국어 단어 (상용자 자형)	음	원문 풀이	현대어 번역	위치 (페이지-행)
摘冒子	摘冒子	제만즈	갓벗다	갓을 벗다, 모자를 벗다	32-2
朝帽	朝帽	찬만	조복 마라기	신하가 조정 나갈 때 쓰는 예모(禮帽)	32-3
朝帶	朝帶	찬디	조복씌	조복(朝服)에 매는 허리띠, 벨트	32-4
外褂兒	外褂兒	왜과라	것져구리	청대(淸代) 관리들의 예복 덧저고리, 겉옷 앞면이 좌우로 갈라지고 가슴과 등 쪽에 수놓아져있으며 정강이 길이 정도 옴	32-5
朝靴	朝靴	찬쒸	목화	조회용 신발, 사모관대를 할 때 신던 신, 바닥은 나무나 가죽으로 만들고 검은빛 사슴 가죽으로 목을 길게 만들었으며 장화 모양과 비슷함	32-6
風領	風領	풍링	휘항[45]	(방한용 외투의) 넓은 깃	32-7
打舖	打舖	다푸	자리펴다	이부자리를 펴다	32-8
穿衣裳	穿衣裳	천이상	옷닙다	옷을 입다	33-1
省ㄷ冠	省ㄷ冠	싱ㄷ관	갓벗다	갓(혹은 모자)를 벗다	33-2
偏帽	偏帽	편만	져근 마라기	작은 모자, 납작한 모자, 승려들이 쓰는 뾰족한 모자	33-3

중국어 단어 (원본 자형)	중국어 단어 (상용자 자형)	음	원문 풀이	현대어 번역	위치 (페이지-행)
朝珠	朝珠	찯쥬		청나라 때 고위 관리들이 관복 가슴 앞에 차던 구슬 목걸이, 산호, 마노, 수정, 호박, 비취 등으로 만듦	33-4
朝服	朝服	찯부		조복(朝服), 조하(朝賀) 때 입는 예복, 봉건 왕조시대 군신들이 조회 때 입는 예복, 대례복	33-5
鞋	鞋	쎼		신, 신발	33-6
辮子	辮子	변즈	호승치	땋은 머리, 변발	33-7
荷包	荷包	허바오	쥬머니	(옷에 달린) 호주머니, 포켓, (휴대용) 두루주머니, 염낭, 쌈지	33-8
枕頭兒	枕頭兒	진투라	벼기	베개	34-1
搋衣裳	焊[46]衣裳	한이상		옷을 다리다, 옷을 털다	34-2
器具部	器具部			기구 관련 어휘	34-3
圍屛	圍屛	위핑	병풍	병풍	34-4
平床	平床	핑창		평상(平床)	34-5
幛子	幛子	위즈	휘장	장막, 휘장, 막	34-6
椅子	椅子	이즈	교의	의자, 사람이 등을 대고 걸터앉을 수 있게 만든 기구	34-7

중국어 단어 (원본 자형)	중국어 단어 (상용자 자형)	음	원문 풀이	현대어 번역	위치 (페이지-행)
席子	席子	시즈		깔개, 자리(거적자리, 삿자리, 돗자리 따위의 총칭)	34-8
衣架	衣架	이ᅎ		옷걸이	35-1
燈籠	燈籠	등룽		등롱, 초롱, 제등(提燈)	35-2
烤ㄷ	烤ㄷ	칸ㄷ	불쬐이다	(불에) 쪼이다, 쬐다, 말리다, 굽다	35-3
煤炭	煤炭	믜탄		석탄	35-4
夜蠱	夜壺	여후	요강	(옛날, 남자용의) 야호(夜壺), 요강	35-5
煎⁴⁷蠟花	煎蠟花	잔라와	불똥집다	(등불 심지의)불똥을 따다	35-6
蠟臺	蠟臺	라티	촉디	촛대	35-7
眼鏡	眼鏡	얀징		안경	35-8
火盆	火盆	호픈		화로	36-1
火快子	火快子	호쾌즈	화져	화저(火箸, 화로에 두고 불 지필 때 쓰는 쇠로 만든 집게나 젓가락 모양의 것), 부젓가락	36-2
木炭	木炭	무탄	슷	숯, 목탄	36-3
灰盤	灰盤	휘판		재받이	36-4
彈⁴⁸子	彈子	탄즈	몬지터리	먼지털이, 총채	36-5
法馬	法馬	뱌마	天秤錘	천칭(천평, 천평칭)의 추	36-7
毫星	毫星	호셩	져울눈	저울눈	36-8

중국어 단어 (원본 자형)	중국어 단어 (상용자 자형)	음	원문 풀이	현대어 번역	위치 (페이지-행)
抓[49]火	抓火	바호	불담다	불을 피우다	36-9
生炭	生炭	승탄	싱숫	생숯, 완전히 구워지지 아니한 상태에서 가마에서 꺼내어 만든 숯	37-1
炦火	弄火	룽호	숫피다	불을 피우다	37-2
点蠟	點蠟	뎐라	불켜다	촛불을 켜다	37-3
拍匸土	拍匸土	파ㄷ투	몬지쩌다	먼지(혹은 흙)를 털다	37-4
天秤	天秤	턴핑		천평(天秤), 천칭, 천평칭, 지렛대 원리에 근거하여 만든 비교적 정밀한 저울, 지렛대 양 끝에 작은 저울판이 있어 한쪽에는 분동을 놓고 다른 한쪽에는 측정할 물건을 놓음	37-5
稱子	稱子	칭즈	大秤	대저울	37-6
花鏡	花鏡	화즁	덧보기 안경	돋보기 안경, 노안경	37-7
荨子	等子	등즈	즁져울	중저울	37-8
火紙	火紙	호즈	조희로만 든 것, 불져는것	초산을 발라 불이 잘 붙는 종이, 도화지(導火紙), 소지(燒紙), 제사 지낼 때 태우는 종이	38-1
讵盅	酒壺	즤후		술주전자	38-2

중국어 단어 (원본 자형)	중국어 단어 (상용자 자형)	음	원문 풀이	현대어 번역	위치 (페이지-행)
更匙	更匙	긍츠	숙가락	숟가락	38-3
哈茶	哈茶	허챠	차먹다	차를 마시다	38-4
裝烟	裝烟	쫭연	담비담다	담배를 담다	38-5
秤子	秤子	핑즈	소져울	소저울	38-6
打火	打火	다호	부쇠치다	(부싯돌 따위를 쳐서) 불을 일으키다, 불을 켜다, 점화하다	38-7
火絨	火絨	호륭	부쇠깃	부싯깃(부시를 칠 때 불똥을 받아서 불을 댕기는 물건으로 보통 쑥잎, 수리취 따위를 불에 볶아 비벼서 만듦), 깃, 화용(火茸), 화융(火絨)	38-8
排卓子	排卓子	비조어즈	상버리다	상을 펴다	39-1
拿茶盡來	拿茶壺來	나차후리	차관가져 오라	차 주전자를 가져오다	39-2
烟臺	烟臺	연딕	담비찍	담뱃대	39-3
板櫈	板櫈	반등	거러안는 등상	걸터앉는 의자, 등받이가 없는 의자	39-4
過ㄷ秤	過ㄷ秤	고ㄷ핑	져울다ㄷ	저울에 (무게를) 달다, 계량하다	39-5
占[50]火	占火	뎐호	불켜다	불을 켜다	39-6
火鐮	火鐮	호련	부쇠	부시, 화도(火刀)	39-7
快子	快子	쾌즈	젹가락	젓가락	39-8

중국어 단어 (원본 자형)	중국어 단어 (상용자 자형)	음	원문 풀이	현대어 번역	위치 (페이지-행)
茶碗	茶碗	차완		찻잔, 찻종, 다종(茶鍾), 다완(茶碗), 차를 따라 마시는 종지	40-1
洗臉盆	洗臉盆	시련픈		세숫대야	40-2
喫烟	喫烟	치연	담비먹다	담배를 피우다	40-3
硯臺	硯臺	연디	벼로	벼루	40-4
笤箒	笤箒	챤주	뷔	빗자루	40-5
掃ㄷ	掃ㄷ	싼ㄷ	쓸다	(비 따위로) 쓸다, 소제하다	40-6
衚衕	衚衕	후퉁	골목	골목, 좁은 골목, 후통	40-7
日用部	日用部			생활에서 쓰는 어휘	40-8
一輛車	一輛車	이량쳐		차 한 대	41-1
三管筆	三管筆	싼관비		붓 세 자루	41-2
五張紙	五張紙	우장즤		종이 다섯 장	41-3
二匹馬	二匹馬	얼피마		말 두 마리	41-4
四塊墨	四塊墨	쓰쾌믜 一日무		먹 네 조각	41-5
七把扇子	七把扇子	치바산즈		부채 일곱 개	41-6
九匹緞子	九匹緞子	긱피돤즈		단자 아홉 필	41-7
六両銀子	六兩銀子	누량인즈		은 여섯 냥	41-8
八吊錢	八吊錢	바쟈쳔		8000전	42-1
十綑草	十綑草	시쿤챠	풀열뭇	풀 열 묶음	42-2
萬八千	萬八千	완바텬		만 팔천(18,000)[51]	42-3

중국어 단어 (원본 자형)	중국어 단어 (상용자 자형)	음	원문 풀이	현대어 번역	위치 (페이지-행)
一扛	一扛	이강	한짐	한 짐	42-4
改作	改作	기조		고치다, 번안하다, 개작하다	42-5
打筭	打算	타솬		-하려고 하다, 계획하다, 꾀하다, 생각, 계획	42-6
樣子	樣子	양즈	본보기	모양, 형태, 본보기, 견본	42-7
点ㄷ數兒	点ㄷ數兒	뎐ㄷ슈라	슈셰다	수를 세다, 수를 헤아리다	42-8
一百零 一個	一百零 一個	이비링 이거	每於數空 處用零字	백 한 개(101개), 자리수가 비었을 때는 영을 사용한다 (每於數空處用零字)	43-1
多兒錢 一担	多兒錢 一担	돌쳔이탄	얼마갑셰 한셰음	한 짐에 얼마입니까	43-2
雜巴剌 東西	雜巴剌 東西	자바라 둥시	잡놈	잡스럽고 자질구레한 것	43-3
這個叫名 頭兒甚麽	這個叫名 頭兒甚麽	져거쟌밍 투라셔마	져거슬 무어시 라고일홈 흐느냐	이것을 무엇이라고 합니까?	43-4
屋宅部	屋宅部			가옥 관련 어휘	43-5
府上	府上	부샹	집	댁(宅), 귀하의 고향	43-6
熱ㄷ的 燒炕	熱ㄷ的 燒炕	려ㄷ지 쏸캉		뜨거운 온돌	43-7

중국어 단어 (원본 자형)	중국어 단어 (상용자 자형)	음	원문 풀이	현대어 번역	위치 (페이지-행)
亭子	亭子	칭즈		정자	43-8
要拉屎麼	要拉屎麼	야리[52]시마	똥누엇느냐	대변을 보려고 합니까?	44-1
茅舍	茅舍	만셔	뒷간	모옥, 초가집, 누추한 집	44-2
撒尿	撒尿	싼[53]얏	오좀누다	소변을 보다, 오줌을 누다	44-3
茅房	茅房	만방	뒤싼	변소, 뒷간, 측간, 화장실	44-4
貴府	貴府	귀부		귀댁, 귀가(貴家)	44-5
房子冷	房子冷	팡즈릉		집이 춥다	44-6
関上門	關上門	관상믄	문닷치다	문을 닫다	44-7
叉上門	叉上門	차상믄	문빗장지르다	문을 빗장으로 가로질러 잠그다	44-8
出恭	出恭	추쿵	쏘누다	대변을 보다, 변소에 가다(과거시험장에서 수험생이 시험장을 이탈하는 것을 방지하기 위해 '出恭入敬'이란 패를 설치하여 수험생이 변소에 갈 때 이 패를 먼저 수령하게 하였음)	45-1
休紙	休紙	취즈	뒤지	밑씻개로 쓰는 종이, 뒤지	45-2
湯泉	湯泉	탕텬		온천, 탕천	45-3
文書部	文書部			문서 관련 어휘	45-4

중국어 단어 (원본 자형)	중국어 단어 (상용자 자형)	음	원문 풀이	현대어 번역	위치 (페이지-행)
四書	四書	쓰수		사서(四書), 논어(論語), 맹자(孟子), 대학(大學), 중용(中庸)을 가리킴	45-5
念書	念書	여수	글일것다	글(책)을 읽다	45-6
文書	文書	운슈		문서, 공문(서), 서기, 문서 담당자	45-7
書本	書本	수븐		책, 서적의 총칭	45-8
潤色	潤色	윤셔	글고치다	(문장을) 다듬다, 윤색하다	46-1
勅書	勅書	치수		칙서 (임금이 특정인에게 훈계하거나 알릴 내용을 적은 글이나 문서)	46-2
五經	五經	우징		오경(五經) 즉 시경(詩經), 서경(書經), 예기(禮記), 역경(易經), 춘추(春秋)의 다섯 가지 경서	46-3
作文章	作文章	조운장	글짓다	글을 짓다, 글을 쓰다	46-4
好文章	好文章	환운장	글잘허다	훌륭한 글, 좋은 글	46-5
寫字	寫字	셔즈		글씨를 쓰다	46-6
畵ㄷ兒	畵ㄷ兒	화ㄷ		그림을 그리다	46-7
單子	單子	단즈		메모, 쪽지, 표, 리스트	46-8
單目	單目	단무		목록	47-1
公式部	公式部			법칙 및 규율 관련 어휘	47-2

중국어 단어 (원본 자형)	중국어 단어 (상용자 자형)	음	원문 풀이	현대어 번역	위치 (페이지-행)
打印	打印	다인		도장을 찍다, 날인하다	47-3
照例	照例	쟈이		관례에 따르다, 예전대로 하다	47-4
沒邢兒樣 規矩	沒邢兒樣 規矩	믜날량 구규		별로 법칙에 부합하지 않다	47-5
事情	事情	스칭		일, 업무, 직무, 볼일, 용무	47-6
告訟	告訟	갇숭		소송을 제기하다, 고소하다	47-7
國考	國考	궈쌌[54]		국가고시	47-8
花押	花押	화야	일홈두다	화압, 수결(手押), 서명(署名), 사인	48-1
有規矩	有規矩	읫구규		규칙에 부합하다, 모범적이다, 표준적이다	48-2
打官事[55]	打官事	다관스	송사하다	소송을 걸다, 소송을 일으키다	48-3
告狀	告狀	쟈쫭		소송을 제기하다, 고소하다	48-4
面皮	面皮	면피	인정 쓰는것	면목, 체면, 안면, 정실, 사정	48-5
停免	停免	칭면	제ᄒ다	중지하다, 면하다	48-6
人品部	人品部			인품 관련 어휘	48-7
體面	體面	치면	의젓하다	떳떳하다, 어엿하다, 체면이 서다, 체면, 체통, 면목	48-8

중국어 단어 (원본 자형)	중국어 단어 (상용자 자형)	음	원문 풀이	현대어 번역	위치 (페이지-행)
糊塗	糊塗	후두	흐리다	똑똑치(분명치) 않다, 애매(모호)하다, 뒤범벅이다, 엉망이다, 어리석다, 멍청하다, 얼떨떨하다, 흐리멍덩하다, 어리벙벙하다	49-1
哥ㄷ	哥ㄷ	거ㄷ	형이라	형, 오빠	49-2
兒媳婦	兒媳婦	올시부	며나리	며느리	49-3
娶媳婦	娶媳婦	쉬시부	걍가드다	장가들다, 아내를 얻다	49-4
粧體面	粧體面	쫭치면	의젓헌체	체면을 차리다	49-5
老實人	老實人	란시인	용헌샤[56]람	성실한 사람, 열심히 하는 사람	49-6
有人看着	有人看着	위인칸져	사람이 직키다	누군가 보고 있다, 누군가 지키고 있다	49-7
父親	父親	부친		아버지, 부친	49-8
小孩子	小孩子	쌷히즈		아이	50-1
打更的	打更的	다징지	경겸치는 사람	야경꾼, 야경을 도는 사람 (매 경마다 야경을 돌면서 딱따기나 징을 치는 사람), 숙직서는 사람, 야간 경비를 서는 사람	50-2
娣ㄷ	娣ㄷ	제ㄷ	맛누의	언니, 누나[57]	50-3
舅子	舅子	쥐즈	쳐남	처남	50-4

중국어 단어 (원본 자형)	중국어 단어 (상용자 자형)	음	원문 풀이	현대어 번역	위치 (페이지-행)
沒人	沒人	믜인	사람업다	사람이 없다	50-5
太剛	太剛	타강	과이 굿세다	매우 굳세다, 매우 강하다, 매우 강경하다	50-6
打更	打更	다징		야경을 돌다 (매 경마다 야경을 돌면서 딱따기나 징을 치다)	50-7
妹ㄷ	妹ㄷ	메ㄷ	자근누이	여동생, 누이동생	50-8
娣夫	娣夫	계부	맛믜부	누이(언니)의 남편, 자형, 형부	51-1
身體部 附疾病	身體部 附疾病			신체 관련 어휘, 질병에 대한 어휘 추가	51-2
身子高	身子高	신즈갸	크크다	키가 크다	51-3
胖ㄷ的	胖ㄷ的	팡ㄷ지	살찌다	뚱뚱하다	51-4
啞吧	啞吧	야바	벙어리	벙어리, 언어 장애인	51-5
瞎子	瞎子	싸즈	눈먼사람	장님, 소경, 맹인, 봉사, 시각 장애인	51-6
地不平的	地不平的	지부핑지	절둑바리[58]	절름발이	51-7
心口兒疼	心口兒疼	신쿠라틍	가심 알푸다	가슴(명치)이 아프다	51-8
矬ㄷ的	矬ㄷ的	초ㄷ지	난장이	난쟁이, 왜인(矮人), 왜자(矮者)	52-1
瘦ㄷ的	瘦ㄷ的	수ㄷ지	파리한 사람	마른 사람, 여윈 사람, 수적한 사람	52-2

중국어 단어 (원본 자형)	중국어 단어 (상용자 자형)	음	원문 풀이	현대어 번역	위치 (페이지-행)
耳聾	耳聾	알룽		귀가 멀다, 귀가 먹다, 귀가 잘 들리지 않다	52-3
眼花	眼花	얀화		눈이 침침하다, 눈앞이 가물가물하다, 눈앞이 흐릿하다	52-4
腦佮疼	腦佮疼	랃디퉁	머리 알푸다	머리가 아프다	52-5
肚裡疼	肚裡疼	두리퉁	복통	배가 아프다	52-6
頭疼	頭疼	투퉁		머리가 아프다	52-7
腿子疼	腿子疼	튀즈퉁	다리 알푸다	다리가 아프다	52-8
服藥	服藥	부얀		약을 먹다, 약을 복용하다	53-1
診脉	診脉	지머		진맥하다, 맥을 짚다	53-2
病好那	病好那	빙호라	병나엇다	병이 낫다, 병이 호전되다	53-3
睡腥[59]	睡腥	쉬싱		잠에서 깨다	53-4
洗澡	洗澡	시쏘[60]	목욕	목욕하다, 몸을 씻다	53-5
擦臉	擦臉	차련	낫 문지르다	얼굴을 문지르다, 얼굴을 닦다	53-6
坐下	坐下	조샤	안즈다	앉다	53-7
踢[61]下	踢下	탕사	눕다	눕다	53-8
顛倒來	顛倒來	젼단리	너머지다	넘어지다, 고꾸라지다	54-1
凍脚	凍脚	둥쟈	발얼다	발이 얼다	54-2

중국어 단어 (원본 자형)	중국어 단어 (상용자 자형)	음	원문 풀이	현대어 번역	위치 (페이지-행)
出汗	出汗	추한	쌈나다	땀이 나다, 땀을 흘리다	54-3
大夫官	大夫官	다푸관	의원	의사, 의원	54-4
睡覺	睡覺	쉬쟈	댜다	잠을 자다	54-5
洗手	洗手	시슈	손삣다	손을 씻다	54-6
洗臉	洗臉	시련	낫씻다	얼굴을 씻다	54-7
起來	起來	치리	이러나다	일어나다	54-8
坐着	坐着	조져	안다	앉아있다, 앉아서	55-1
踢62着	踢着	탕져	눕다	누워있다, 누워서	55-2
動靜部 附瑣說	動靜部 附瑣說			움직임과 상태 관련 어휘, 기타 어휘 추가	55-3
說話	說話	쉬화		말하다	55-4
說謊	說謊	쉬황	거짓말	거짓말	55-5
白話	白話	븨화	거짓말	거짓말	55-6
話頭兒 能句	話頭兒 能句	화투라 능구	말잘한다	말을 잘한다	55-7
一嘴話	一嘴話	이쥐화	한마듸말	한 마디 말	55-8
哄	哄	홍	소기다	속이다, 기만하다	56-1
怎敢哄你	怎敢哄你	즘간홍니	엇지너를 소기랴	어찌 너를 속이리오?	56-2
耍戲	耍戲	좌찌	노리허다	놀리다, 희롱하다	56-3
恐怕	恐怕	쿵파	무셥다	무섭다	56-4
打杖	打杖	다장	싸호다	싸우다	56-5

중국어 단어 (원본 자형)	중국어 단어 (상용자 자형)	음	원문 풀이	현대어 번역	위치 (페이지-행)
別生氣	別生氣	볘승지	셩늬지 말라	화내지 마시오	56-6
害着[63]	害着	시싀	붓그럼타다	부끄럼타다	56-7
小心	小心	쌴신	조심하다	조심하다	56-8
聞ㄷ	聞ㄷ	문ㄷ	님싀맛다	냄새맡다, 냄새를 맡아보다	57-1
忘了	忘了	왕럍	잇럿다	잊었다. 잊다	57-2
找ㄷ	找ㄷ	쟌ㄷ	찾다	찾다, 찾아보다	57-3
擱着	擱着	거져	놋타	놓다, 놓아두다	57-4
愛看	愛看	이칸	귀야허다	귀히 보다, 귀여워하다[64]	57-5
可憐	可憐	커련	불상허다	불쌍하다	57-6
反悔	反悔	봗휘	뉘웃치다	뉘우치다	57-7
頑要話	頑要話	완좌화	실업다는 말	실없는 말, 농담(하다)	57-8
啼ㄷ哭ㄷ	啼ㄷ哭ㄷ	치ㄷ쿠ㄷ		큰 소리로 울다, 목 놓아 울다	58-1
驚恐	驚恐	킹쿵	놀나다	놀라다, 놀라 두려워하다	58-2
쒀[65]罪	說罪	쥐	나무라다	나무라다, 죄를 묻다, 혼내다	58-3
쒀[66]嘴	說嘴	쥐	셩늬여 말허다	성내어 말하다, 언쟁하다, 말다툼하다	58-4

중국어 단어 (원본 자형)	중국어 단어 (상용자 자형)	음	원문 풀이	현대어 번역	위치 (페이지-행)
面小	面小	면쌴	북그럽다 낫업다	부끄럽다, 낯없다, 낯부끄럽다	58-5
熱鬧	熱鬧	여낟	직거리다 덤벙이다	지껄이다, 덤벙이다, 왁자지껄하다, 흥청거리다	58-6
問ㄷ	問ㄷ	문ㄷ	무러부다	물어보다	58-7
摩ㄷ	摩ㄷ	모ㄷ	만지다	만지다, 만져보다	58-8
別動	別動	볘둥	가만두다	가만두다, 움직이지 않다, 건드리지말아라, 움직이지 말아라[67]	59-1
挪ㄷ罷	挪ㄷ罷	노ㄷ바	윙겨 노흐라	옮겨 놓아라, 옮겨 놓다	59-2
留下	留下	류싸	두다形樣 삥양[68]	(남겨)두다	59-3
小看	小看	쌴칸	업슈이 여기다	업신여기다, 얕보다	59-4
照樣	照樣	쟜양	비교허다	비교하다	59-5
効他	効他	效타	임니니다	(다른 사람을)흉내 내다	59-6
攔當	攔當	란당	막자르다	가로막다	59-7
忙ㄷ打道	忙ㄷ打道	망ㄷ다닫	밧부다	바쁘다, 바삐 길을 트다	59-8
伺候	伺候	츠후	기다리다 等ㄷ등ㄷ	(오기를) 기다리다	60-1
看不見	看不見	칸부잔	보아도 아니뵌다	보이지 않다	60-2

중국어 단어 (원본 자형)	중국어 단어 (상용자 자형)	음	원문 풀이	현대어 번역	위치 (페이지-행)
過来	過來	고리	지나오라	지나오시오, 건너오시오	60-3
可意	可意	커이	마음에 맛다	마음에 들다	60-4
心裡 燦[69]的	心裡燦的	신리쟌지	마음에 조민하다	마음이 조급하다	60-5
費心	費心	페신	치사 허는말	치사하는 말 부탁을 하거나 감사의 뜻을 나타내는 말, 마음 쓰다, 걱정하다	60-6
不敢當	不敢當	부간당	겸샤 허는말	겸사하는 말, 천만의 말씀입니다, 황송합니다, 감당하기 어렵다	60-7
聽我説	聽我說	칭오쉬		내 말을 들으시오	60-8
再不用説	再不用說	지부용쉬	다시 말드나	다시 말하지 마시오	61-1
謎的話	謎的話	미지화	잔말	잔말, 헷갈리게 하는 말, 늘어놓는 말	61-2
沒法兒説	沒法兒說	믜파라쉬	말헐슈 업다	말할 수 없다	61-3
別説	別說	베쉬	말말나	말을 마시오	61-4
打聽	打聽	다칭	드러보다	들어보다	61-5
沒空	沒空	믜쿵	결을업다	겨를이 없다	61-6
走不得	走不得	조부더		갈 수 없다	61-7
這兒来	這兒来	졀리	이리오라	이리로 오시오	61-8

중국어 단어 (원본 자형)	중국어 단어 (상용자 자형)	음	원문 풀이	현대어 번역	위치 (페이지-행)
金来[70]	金來	진다	이이부르 는말	서로 부르는 말, 들어오시오	62-1
懷	懷	홰	가심에지 르다	가슴에 품다, 간직하다, 생각하다	62-2
別恠	別恠	베쾌	나무라지 마라	나무라지 마시오	62-3
別恠我罷	別恠我罷	베쾌오바	나를그르 게알지 마라	나를 나무라지 마시오. 나를 탓하지 마시오	62-4
多謝ㄷㄷ	多謝ㄷㄷ	도셰ㄷㄷ		매우 감사하다	62-5
勞駕ㄷㄷ	勞駕ㄷㄷ	로자ㄷㄷ	손비는말	사죄하는 말, 폐를 끼쳤습니다, 수고하셨습니다, 죄송합니다	62-6
勞你駕	勞你駕	로이자		부탁을 할 때 예의로 덧붙이는 말, 죄송하지만, 수고스럽지만	62-7
借光	借光	져광	싱식하다	부탁을 할 때 예의로 덧붙이는 말, 실례합니다, 신세를 지다, 남의 덕을 보다	62-8
比傍説	比傍說	비방쉽	비겨말 허다	비교하여 말하다	63-1
別般貌樣 説罷	別般貌樣 說罷	베난무양 쉽바	그런 말ㄷ나	그런 말 마시오	63-2

중국어 단어 (원본 자형)	중국어 단어 (상용자 자형)	음	원문 풀이	현대어 번역	위치 (페이지-행)
怎麼説	怎麼說	즘마쉬	엇지헌말이냐	어찌 한 말인가?	63-3
錯記了	錯記了	초인[71]란	그릇긔록허다	잘못 기록하다	63-4
就一嘴話的得兒那	就一嘴話的得兒那	쥐이쥐화지더ㄹ나	곳한마디면고만니라	한 마디 말이면 그만이라, 한 마디 말이면 충분하다	63-5
走了風	走了風	주랸봉	말누셜하다	말을 누설하다, 소문이 나다, 정보가 새다	63-6
拉倒	拉倒	빠단	그만두다	그만두다, 중지하다	63-7
伱想ㄷ罷	你想ㄷ罷	니상ㄷ바	네싱각하여보라	당신이 생각해보시오	63-8
完了	完了	완럇	다되엿다	다 되었다, 다 하였다	64-1
還沒完	還沒完	히믜완		아직 다하지 못하였다	64-2
是呵	是阿	시아	올타 是ㄷ시ㄷ	옳다, 맞다, 그렇다	64-3
悄ㄷ地	悄ㄷ地	최ㄷ지	몰니이운가마니[72]	몰래, 살그머니, 가만히	64-4
一点兒不錯	一点兒不錯	이져ㄹ부초	조곰도틀니지안타	조금도 틀리지 않다	64-5
沒奈何	沒奈何	믜니허	헐슈업셔	할 수 없이, 어쩔 수 없이, 부득이	64-6
有是有	有是有	위시우	잇기넌잇셔도	있기는 있지만	64-7

중국어 단어 (원본 자형)	중국어 단어 (상용자 자형)	음	원문 풀이	현대어 번역	위치 (페이지-행)
句[73]當	句當	구당	일보다 緊句當긴 구당 급헌일	일보다, 임무나 사무를 맡다	64-8
沠定	派定	픠징	졍ㅎ다	정하다, 임명하다, (할 일을) 나누어 정하다, 할당되다	65-1
順風打旗	順風打旗	순붕다치	남허는 디로	'바람이 부는 대로 기를 흔들다.'는 뜻으로 추세를 따르고 일을 쉽게 처리한다는 말	65-2
		빤료바[74]	말니는말	말리는 말, 됐다, 그만두다, 따지지않다, 내버려두다	65-3
憑你罷	憑你罷	핑니바	네마음디 로허라	당신 마음대로 하시오, 당신 뜻대로 하시오	65-4
憑我	憑我	핑오	나허는디 로허라	내가 하는 대로 하시오, 내 뜻대로 하시오	65-5
就是了	就是了	쥐시럇	곳니러 허다	곧 이러하다	65-6
心裡過 不去	心裡過 不去	신니고 부취	마음에 걸니다	마음에 걸리다	65-7
是真是假	是眞是假	시진시자	참이냐거 짓게냐	참입니까? 거짓입니까?	65-8
自然邢	自然那	즈런나	그러 허리라	(응당) 그러하다, 저절로, 자연히	66-1

중국어 단어 (원본 자형)	중국어 단어 (상용자 자형)	음	원문 풀이	현대어 번역	위치 (페이지-행)
一個㨾	一個樣	이거양	한모양	한 모양, (하나의 모양과 같이) 꼭 닮다	66-2
沒有是 沒有	沒有是 沒有	믜유시 믜유	업기는 업셔도	없긴 없지만	66-3
能幹事	能幹事	능진쓰	일잘헌다	일을 잘한다	66-4
辦事	辦事	반쓰	일쥬션 허다	일을 주선하다, 일을 처리하다	66-5
我不能	我不能	오부능	늬가능치 못허다	내가 능히 하지 못하다, 나는 못한다	66-6
罷了	罷了	바랴	안니되 엿다	하는 수 없다, 됐다, 어쩔 수 없다, 괜찮다	66-7
一母昕生	一母所生	이무소승		한 어머니에게 난 자식	66-8
到底	到底	단지	나즁에	비교적 긴 시간이나 과정을 거쳐, 마지막으로 어떤 상황이나 결과가 발생했음을 나타내는 말, 마침내, 결국	67-1
通該	通該	퉁기	듸되	대체로, 모두, 통틀어	67-2
越發	越發	웨봐	더욱	더욱, 한층	67-3
多大小	多大小	도다쌴	얼마나 크냐	얼마나 큽니까? 크기가 얼마나 됩니까?	67-4
大造化	大造化	도좌화	큰샤망	큰 조화, 큰 행운	67-5
打開	打開	다킈	펴다	펴다, 열다, 풀다	67-6

중국어 단어 (원본 자형)	중국어 단어 (상용자 자형)	음	원문 풀이	현대어 번역	위치 (페이지-행)
甚麼響	甚麼響	셔마빵	무슨 소리냐	무슨 소리인가?	67-7
都拿来	都拿來	두나리	모도가져 오라	모두 가져오시오	67-8
壞了	壞了	화랴	일그릇 되다	일을 그르치다, 못쓰게 되다	68-1
這塘[75]	這塘	져탕	이번	이번	68-2
補定	補定	부징	봇틱다	보태다, 보태 채우다	68-3
越大越好	越大越好	워다워호	클슈록더 조아	클수록 더 좋다	68-4
多好	多好	도호		매우 좋다	68-5
造化底	造化底	쟈화지	사망업다	조화가 없다, 운이 없다	68-6
撕開	撕開	쓰키	찟다	찢다	68-7
各樣都 預備	各樣都 預備	거양두 위비		여러 가지 것을 모두 준비하다	68-8
拿去罷	拿去罷	나취바	가져가라	가져가시오	69-1
一字部				한 글자 어휘	69-2
輕	輕	칭	가부엽다	가볍다	69-3
麁	麤	츄	국다	굵다	69-3
長	長	챵	길다	길다	69-4
高	高	갇	놉다	높다	69-4
沉	沈	츤	무겁다	무겁다	69-5

중국어 단어 (원본 자형)	중국어 단어 (상용자 자형)	음	원문 풀이	현대어 번역	위치 (페이지-행)
稠	稠	취	되다	되다, 걸쭉하다, (농도가) 짙다	69-5
長一点兒	長一点兒	창이져라	좀길다	(다른 것에 비해) 조금 길다	69-6
短	短	된	싸르다	짧다, 짧게 하다	69-6
細	細	시	가늘다	가늘다	69-7
稀	稀	삐	묽다	(농도가) 묽다, 드물다, 성기다	69-7
矮	矮	이	운두낫다	(둘레나 높이가) 낮다	69-8
短一点兒	短一点兒	된니져라	조곰 자르다	조금 짧다, 조금 짧게 하다	69-8
橫	橫	흥	가로놋타	가로로 놓다	70-1
樹	樹	쉬	산나무	산 나무	70-1
餓	餓	어	비곱푸다	배고프다	70-2
稍	稍	산	무겁다[76]	점점, 약간, 작다, 적다	70-2
糧子[77]	糧子	장지	물부치다	(물풀, 풀 따위로) 부치다, 혹은 부친 것	70-3
站ㄷ	站ㄷ	잔ㄷ	자조ㄷ	이따금, 참참이	70-3
排	排	비	버려놋다	버려놓다, 물리치다, 밀어내다, 배척하다	70-4
木	木	무	쥬근나무	목재, 관재(棺材), 널	70-4
托ㄷ	托ㄷ	토ㄷ	부탁허다	부탁하다	70-5
貼上	貼上	쳬상	부치다	부치다	70-5

중국어 단어 (원본 자형)	중국어 단어 (상용자 자형)	음	원문 풀이	현대어 번역	위치 (페이지-행)
光ㄷ	光ㄷ	광ㄷ	번들ㄷ	번들번들하다, 번쩍번쩍하다	70-6
送ㄷ	送ㄷ	승ㄷ	보늬다	보내다	70-6
歪	歪	왜	기우다	기울다	70-7
渴	渴	커	목마르다	목이 마르다	70-7
貼ㄷ	貼ㄷ	체ㄷ	부치다	부치다	70-8
糊ㄷ	糊ㄷ	후ㄷ	바르다	바르다	70-8
刻ㄷ	刻ㄷ	커ㄷ	시기다	새기다	71-1
對ㄷ	對ㄷ	뒤ㄷ	한데타다	맞추어 보다, 맞대어 보다	71-1
不字部				'不'가 들어가는 어휘	71-2
不怕	不怕	부파	관계치 안타	괘념치 않는다. 두렵지 않다	71-3
不関	不關	부관	상관업다	상관없다	71-3
不行	不行	싱	못되리라	못하다, 할 수 없다	71-4
不貴	不貴	귀	귀치안타	귀하지 않다	71-4
不句[78]	不句	구	부족허다	부족하다, 충분하지 않다	71-5
不是	不是	시	그러치 안타	그렇지 않다, 아니다	71-5
不錯	不錯	초	올타	옳다, 맞다, 틀림없다	71-6
不信	不信	신	밋지안타	믿지 않는다	71-6

중국어 단어 (원본 자형)	중국어 단어 (상용자 자형)	음	원문 풀이	현대어 번역	위치 (페이지-행)
不賎	不賤	젼	흔허지 안타	흔하지 않다	71-7
不通	不通	퉁	몰나	모르다, 융통성이 없다	71-7
不中用	不中用	부즁융	못쓸것	쓸모없는 것, 쓸모없다	71-8
不打緊	不打緊	다진	듸단치 안타	대수롭지 않다, 중요하지 않다, 문제없다	71-8
不容易	不容易	부요이	실여허다	수월하지 않다, 쉽지 않다	72-1
不使嗅	不使喚	부시훤	쓰지안타	쓰지 않다	72-1
改不得	改不得	기부더	못곳친다	고칠 수 없다	72-2
定不得	定不得	딩부더	졍치못하다	정하지 못하다, 안정되거나 고정되어 있지 못하다	72-2
對不對	對不對	뒤부뒤	마즈라아니마즈랴	맞는가? 맞지 않는가?	72-3
行不得	行不得	싱부더	안되다	(해서는) 안 된다, 할 수 없다	72-3
行不行	行不行	싱부싱	되겟느냐안이되게느냐	되겠는가? 안 되겠는가?	72-4
想不到	想不到	상부돠	싱각지안니것	생각지 못하다	72-4
使不得	使不得	시부더	쓰지못허다	쓰지 못하다, 사용하지 못하다	72-5

중국어 단어 (원본 자형)	중국어 단어 (상용자 자형)	음	원문 풀이	현대어 번역	위치 (페이지-행)
罷不得[79]	罷不得	바부더	견듸는슈 업다	(무엇인가를 바라서) 견딜 수 없다, 갈망하다. 몹시 ~를 바라다	72-5
熬[80]不得	熬不得	랴부더	견딜슈 업다	견딜 수 없다	72-6
捨不得	捨不得	셔부더	셥ㄷ하다 又익기다	섭섭하다, 아끼다, 아쉽다	72-6
可不甚麼[81]	可不甚麼	커뷰셔마	아무려문 그러허지	아무렴 그러하다, 그렇다, 그렇고 말고	72-7
差不多	差不多	챠부도	얼마아니 틀니다	별로 다르지 않다, 큰 차이가 없다, 거의 비슷하다	72-8
熬[82]得	熬得	랴더	견듸다	견디다	73-1
不関好歹	不關好歹	부관호디	조튼지안 니조튼지	좋든 싫든 (상관없이)	73-2
不差甚麼	不差甚麼	부차셔마	얼마아니 틀니느냐	얼마나 다르지 않는가? 별로 다르지 않다, 부족하지 않다	73-3
對不着	對不着	뒤부쟈	맛지 안는다	(서로) 맞지 않는다	73-4
想不起	想不起	상부치	싱각아니 난다	생각나지 않는다	73-5

중국어 단어 (원본 자형)	중국어 단어 (상용자 자형)	음	원문 풀이	현대어 번역	위치 (페이지-행)
動不動	動不動	둥부둥	변통업다	변통없다, 걸핏하면, (원하지 않는) 어떤 행동이 매우 쉽게 발생하는 것을 일컫는 말	73-6
些不些兒	些不些兒	셔부셔라	약간 이란날	약간, 다소, 일부(인가? 아닌가?)	73-7
打應不打應	打應不打應	다잉부다잉	듸답허느냐아니허느냐	대답하는가? 대답하지 않는가?	73-8
憑信不憑信	憑信不憑信	핑신부핑신	밋느냐아니밋느냐	믿는가? 믿지 않는가?	74-1
認得不認得	認得不認得	인더부인더	아느냐모르느냐	알겠는가? 모르겠는가?	74-2
實在不能句	實在不能句	시치부능구	참못허리라	정말로 할 수 없다	74-3
樂意不樂意	樂意不樂意	러이부러이	조흐냐아니조흐냐	좋은가? 좋지 아니한가?	74-4
憧[83]不得憧得[84]	憧不得憧得	둥부더둥더	아느냐아지못허느냐	알겠는가? 알지 못하겠는가? 이해하였는가? 이해하지 못하였는가?	74-5
乹净不乹净	乾净不乾净	깐징부깐징	졍허냐졍치못허냐	깨끗한가? 깨끗하지 못한가?	74-6
忒賤	忒賤	틔젼	미우흔허다	매우 흔하다	74-7

중국어 단어 (원본 자형)	중국어 단어 (상용자 자형)	음	원문 풀이	현대어 번역	위치 (페이지-행)
狠貴	狠貴	흔귀	미우귀 허다	매우 귀하다	74-7
狠妙	狠妙	흔먈	미우묘 허다	매우 묘하다	74-8
長語類				긴 말 (문장) 표현	75-1
老爺説話 能句	老爺說話 能句	루여쉬화 능구	노야가말 잘헌다	어르신이 말씀을 잘한다	75-2
過去北 京麼	過去北 京麼	고춰 베징마	북경을가 보앗느냐	북경에 가보았는가?	75-3
沒過去	沒過去	믜고춰	못가보앗 느냐	가보지 못하였는가?	75-4
我的親戚	我的親戚	오지친지		나의 친척이	75-5
今天有事	今天有事	진텬위스	오날일이 잇다	오늘 일이 있다	75-6
不敢ㄷㄷ	不敢ㄷㄷ	부간ㄷㄷ		할 수 없다. 아닙니다, 아닙니다	75-7
我等ㄷ 你那	我等ㄷ 你那	오등ㄷ 이나	늬너를기 다리마	내가 당신을 기다리겠다	75-8
萬一沒 過去	萬一沒 過去	완이믜 고춰	만일가보 지못하엿 스면	만일 가보지 못하였다면	76-1
怎麼能説 官話	怎麼能說 官話	즘마능쉬 관화	엇지관화 를잘 ㅎ느뇨	어째서 관화(당시 표준중국어)를 잘 말하는가?	76-2

중국어 단어 (원본 자형)	중국어 단어 (상용자 자형)	음	원문 풀이	현대어 번역	위치 (페이지-행)
好幾塘去 過北京	好幾塘去 過北京	호지탕취 고베징	여러번북 경가셔드 럿다	여러 번 북경에 가서 (들었다)	76-3
家裡站ㄷ 的聽得	家裡站ㄷ 的聽得	자리잔ㄷ 지칭더	집의셔즈 로드럿다	집에서 자주 들었다	76-4
昕以憧得 一両嘴官 話	所以憧得 一兩嘴官 話	소이둥더 이량쮜 관화	이러험으 로혼두마 듸관화를 아노라	이리하여 한두 마디 관화를 안다	76-5
李大哥我 有一瓶甕 頭春	李大哥我 有一瓶甕 頭春	리다기오 위이핑웅 투츈	이듸가야 니한병슐 잇고	이 형님, 내가 오늘 좋은 술 한 병이 있고,	76-6
還有両三 碟酒菜	還有兩三 碟酒菜	희위양샨 졔쥬칰	쏘두어졉 시안쥬 잇고	또 두어 접시 안주가 있다	76-7
今兒個天 氣也狠好	今兒個天 氣也狠好	진아거텬 치여흔한	오날일긔 도죠흐니	오늘 날씨가 매우 좋으니,	76-8
一候兒請 你哈一鍾 酒	一候兒請 你哈一鍾 酒	이후라칭 니허이 증쥬	잇다가너 를쳥ㅎ여 슐혼잔 먹셰	이따가 당신에게 술을 한 잔 청하여 마시도록 하겠다	77-1
送信就 来罷	信就來罷	숭신쥬 리바	편지보니 거든즉시 오라	편지를 보내거든 즉시 오시오	77-2
明兒個給 你作揖去	明兒個給 你作揖去	명아거기 이조이취	니일네게 치ㅅ 허리라	내일 당신에게 치사(예의를 다해 인사)하겠다	77-3

중국어 단어 (원본 자형)	중국어 단어 (상용자 자형)	음	원문 풀이	현대어 번역	위치 (페이지-행)
昨兒個天 氣狠冷	昨兒個天 氣狠冷	조라거턴 치흔능	어졔일긔 가미우 차다	어제 날씨가 매우 추웠다	77-4
路程也大 冒風身子 不平	路程也大 冒風身子 不平	루칭여다 만봉신즈 부핑		여정 내 바람이 불고 몸도 불편하였다	77-5
飯也不能 喫睡也睡 不着	飯也不能 喫睡也睡 不着	판여부능 치쉬여쉬 부쟈		밥도 먹지 못하고, 잠도 자지 못하였다	77-6
咱們相好 不咧		자믄상핫 부례	우리조흔 스이에	우리 서로 좋은 사이가 아닌가	77-7
我勸説他 給你好辦 事	我勸說他 給你好辦 事	오권쉬타 지니핫 반즈		내가 그에게 당신 일을 잘 봐달라고 권하여 말했다	77-8

1 『漢談官話』에서는 선행하는 글자와 동일한 글자가 사용되었음을 나타내는 중복 기호로 'ㄷ' 모양을 사용하였다. 따라서 '萬歲爺ㄷ'는 '萬歲爺爺'를, '완쉬여ㄷ'는 '완쉬여여'를 나타낸다.

2 '地'는 이 책에서 '지', 동시대 역음 자료에는 성모가 'ㄷ', 'ㄸ', 'ㅼ'로 기록되었다.

3 '穢'는 현대 표준중국어에서 성모가 /x/로, 동시대 역음 자료에서는 성모가 'ㅎ'로 기록되었다. 운모는 /uei/로 동시대 역음 자료에서는 'ㅟ', 'ㅞ' 등으로 기록되었다.

4 '進'은 현대 표준중국어에서 성모가 /tɕ/로, 동시대 역음 자료에서는 성모가 'ㅈ', 'ㅉ', 'ㅺ'으로 기록되었다.

5 '뜯'의 현대 표준중국어 성모는 /ɕ/로, 동시대 역음 자료에서 성모가 'ㅅ', 'ㅆ'로 기록되었다.

6 '奶'의 현대 표준중국어 운모는 /ai/로, 동시대 역음 자료에서 운모가 'ㅐ', 'ㅣ', 'ㅔ'로 기록되었다.

7 '月'은 현대 표준중국어에서 'ㄴ'에 해당하는 /n/운미가 존재하지 않는다.

8 '纏'은 현대 표준중국어에서 운모가 /an/으로, 동시대 역음 자료에서 운모가 'ㅏ', 'ㅑ'으로 기록되었다.

9 '獨'은 현대 표준중국어에서 성모가 /t/로, 동시대 역음 자료에서 성모가 'ㄷ', 'ㄸ', 'ㅼ'로 기록되었다.

10 '臨'은 현대 표준중국어에서 /n/운미를 가지며, 동시대 역음 자료에서 'ㄴ' 운미로 기록되었다.

11 ‘水’는 현대 표준중국어에서 /ʂ/성모를 가지며, 동시대 역음 자료에서 성모가 ‘ㅅ’, ‘ㅆ’ 등으로 기록되었다.

12 ‘跳’는 현대 표준중국어에서 /t/성모를 가지며, 동시대 역음 자료에서 성모가 ‘ㅌ’으로 기록되었다.

13 ‘邊’은 현대 표준중국어에서 /pien/으로 읽히며, 동시대 역음 자료에서는 ‘변’, ‘벤’, ‘볜’ 등으로 기록되었다. 여기에서 ‘콰’로 쓴 것은 ‘塊’로 오인하고 주음한 것으로 추측된다.

14 ‘刺’은 현대 표준중국어에서 /a/운모를 가지며, 동시대 역음 자료에서 운모가 ‘ㅏ’, ‘ㅑ’로 기록되었다.

15 현대 표준중국어에서 일반적으로 동사에 후행하는 過는 동사 행위의 경험을 나타내는 경험태의 동태조사로 간주하며 따라서 沒去過는 ‘가본 적이 없다’라고 옮길 수 있다. 원문의 언해인 ‘못간다’는 현대 국어에서 불가능 또는 금지의 형태로, 평서문과 명령문에 따라 다르게 해석될 수 있다. 한편 아래 표제항 沒來過의 대역 표현 ‘못왔느냐’와 비교하면 두 언해문에 모두 ‘못’이라는 부정 의미의 부사를 사용한 것으로 보아 ‘못’은 중국어 부정 부사 ‘沒’에 대응한 형식으로 사용한 것으로 보인다. 다만 현대 표준중국어에서 부정부사 沒는 과거의 경험·행위·사실 등을 부정하는 용법으로 쓰이므로 한국어 ‘못’에 직접 대응하지 않는다. 따라서 본서에서는 평서문 형식인 ‘가본 적이 없다’로 옮겼다.

16 원문의 언해인 ‘갓느냐 가보앗느냐’로 미루어보아 저자는 去過의 過가 경험태의 동태조사로 기능하는 것을 인지한 것으로 보인다. 다만 언해문은 의문 형식을 취하고 있으나 중국어 표제항 去過는 명확한 의문 표지가 없으므로 본서에서는 평서문 형식인 ‘가본 적이 있다’로 옮겼다.

17 역자주 15, 16 참고. 현대 표준중국어에서 동사에 후행하는 過는 경험의 동태조사이며 沒는 경험을 부정하는 부정부사이다. 이에 따라 표제항 沒來過는 명확한 의문 표지가 없으므로 일반적인 평서문 형식인 ‘온 적이 없다’로 옮겼다.

18 원문에는 표제항의 年 왼쪽 상단에 ˚ 표시가 있는데 의미나 용법이 불분
    명하다.

19 표제항의 한자 순서에 따르면 '치파년쳥푼'의 오기인 듯하다.

20 울짱, 울타리를 가리키는 '柵栏門 zhàlánmén'의 음역차용어로 추정된다.

21 앞 글자와 동일한 글자를 사용했음을 나타내는 중복 기호로 보인다.

22 '邊門'은 '便門'으로 정문 이외의 작은 문을 가리킨다.

23 이 부분은 글자 그대로는 '위 六○을 참고하라'는 뜻이나 상세한 의미는
    알 수 없다.

24 비슷한 시간 명사인 '어제(昨兒個)', '내일(明兒個)', '모레(後兒個)' 등은
    앞의 地理部에 배열되어 있다.

25 이 책에서 '어제(昨兒個)', '내일(明兒個)', '모레(後兒個)'의 '兒'의 음은 '라'
    로 기록되었다. 반면, '오늘(今兒個)'의 '兒'의 음은 '아'로 기록되었다.(兒
    의 음운 전사에 관해서는 해제의 4장 5절 참고.)

26 '晌'은 현대 표준중국어에서 /ŋ/운미를 갖고 있으며, 동시대 역음 자료
    에서 운미가 'ㅇ'으로 기록되었다.

27 '兩'은 현대 표준중국어에서 /l/운미를 갖고 있으며, 동시대 역음 자료에
    서 성모가 'ㄹ', 'ㄹㄹ'로 기록되었다.

28 '兩親具慶'은 '부모님 두 분이 모두 생존해 계시다'라는 의미로 원문의
    언해는 의문문으로 풀이하였으나 명확한 의문 표지가 없어 본서에서는
    평서문 형식으로 옮겼다.

29 현대 표준중국어에서는 이 의미에 해당하는 형식으로 '好好歇吧'를 사용
    한다. '罷'는 현대 표준중국어의 어기조사 '吧'에 대응한다.

30 '내일' 또는 '來日'의 오기인 듯하다.

31 『漢談官話』에서 '沒'을 '무'로 주음한 예가 몇몇 있다. 사역원 역학서의

우음에서는 '沒'의 운모가 모두 'ㅜ'로 기록되었고, 『華語類抄』에서는 'ㅔ'로 기록되었는데 이는 현대 표준중국어의 /ei/운모에 대응된다. 서양인이 19세기에 쓴 중국어 교재에서도 19세기 초 자료에는 '沒'이 모두 /u/운모로 기록되었으나, 19세기 중반 이후에 쓰인 『尋津錄』이나 『A Grammar of the Chinese Colloquial commoly called the Mandarin Dialect』에 보면 /ei/운모로 기록되었다.

32 㓲은 '입을 비쭉거리는 모습(扁嘴的样子)'을 나타내는 방언 한자이다. 언해에 따르면 표제항은 '(식사를) 먼저 마치다'라는 의미인데, 현대 표준중국어의 '偏過(식사를 먼저 마쳐 자리를 무를 때 공손하게 하는 말)'에 대응하는 것으로 추측된다.

33 '呵'는 '啊'의 이체자로 판단되며, 현대 표준중국어에서 운모가 /a/이다. 동시대 역음 자료에서는 운모가 'ㅏ'로 기록되었다.

34 원문의 언해는 의문문 형식으로 옮겼으나, 상대방에게 당부 혹은 축복의 말로도 쓰일 수 있어 본문에서는 의문문과 명령문 형식으로 옮겼다.

35 원문의 언해는 의문문 형식으로 옮겼으나, 중국어 표제항에는 명확한 의문 표지가 없어 본문에서는 평서문 형식으로 옮겼다.

36 앞서 원문 표제항 '㓲過咧'의 역자주 32에서 언급한 바와 같이 식사를 먼저 마치고 자리를 무를 때 쓰는 공손한 표현으로 현대 표준중국어에서는 '偏過'라는 표기를 사용하는데, 원문의 '便過'는 이 '偏過'의 다른 표기로 추정된다.

37 원문의 언해는 의문문 형식으로 옮겼으나, 중국어 표제항에는 명확한 의문 표지가 없어 본문에서는 평서문 형식으로 옮겼다.

38 표제항의 한자는 '大'로 올바른 주음은 '다'이나 주음은 '틔'이므로 '大'는 한자 '太'의 오기인 듯하다.

39 '送'은 현대 표준중국어에서 /uŋ/으로, 동시대 역음 자료에서는 비권설음 성모와 결합할 때 'ㆁ', 권설음 성모와 결합할 때 'ㆆ'으로 기록되었다.

여기서 '送'은 /s/성모로 비권설음 성모이지만, 운모가 'ㅎ'으로 기록되었다. 한편, 『漢談官話』에서는 '三'을 '쌴'이라 주음한 것처럼 운모를 i개음이 있는 형태로 주음한 예가 발견되는데, 이는 특정 지역 방언에서 /s/이 /ʂ/과 같이 권설성모로 발음되는 현상을 반영한 것이 아닌가 추측된다. '送'을 'ㅎ'으로 기록한 것도 이 글자에서 성모가 권설성모로 발음된 것을 반영했을 가능성이 있다.

40 이 부분은 한자가 누락된 것으로 보인다. 십이지(十二支)의 '子'는 '쥐'를 가리키는데, '효'는 아마도 '쥐'를 가리키는 방언 단어 '耗子'의 '耗'자의 발음 'hào'를 전사한 것으로 추정된다.

41 '庰'는 '扄', 즉 '甪'('虎'의 이체자 중 한 가지)의 통가자로 사용된 것으로 추정된다. 원문에 사용된 '庰'는 원래 인명으로 드물게 사용되는 한자로 현대 표준중국어의 발음은 [xí]이다.

42 '蛇'의 오기인 듯하다.

43 이 부분은 원문에서 표제항 하나가 들어가는 한 행의 공간을 두 행으로 작게 나누어 기입되었다. 십이지(十二支)의 순서에 따라 당시 중국어 구어에서 사용하던 한자와 주음을 십이지에 대응하여 구어에 쓰이는 한자 옆에 주음을 하고 한자 아래 해당하는 십이지 명칭을 나란히 적었다.

44 현대 표준중국어의 '辣'에 대응하는 것으로 추측된다.

45 '휘항'은 '휘양'의 원말로 추울 때 머리에 쓰던 모자의 하나이다. 이 책에서 '휘항'에 해당하는 단어 '風領'은 '외투의 넓은 깃'을 뜻하는 것으로 의미가 상이하다. 추위를 막기 위해 쓰이는 물건이라는 점에서 해석에 혼동을 일으킨 것으로 추측된다.

46 원문에 나타난 '㪅'가 무슨 글자인지 명확하지 않다. 여기서 '한'이라고 주음하였으므로, '焊'으로 가정하고 해석하였다.

47 불똥 따는 가위를 현대 표준중국어에서 '蜡(花)剪'이라 한다. 따라서 '煎蠟花'의 '煎'은 현대 표준중국어의 '剪'에 대응해 사용된 통가자로 추측된다.

48   '먼지털이'라는 뜻에 비추어볼 때 여기서 '彈'은 현대 표준중국어의 '揮'에 대응하는 것으로 추측된다. 현대 표준중국어에서 먼지털이를 '撢子'라 한다.

49   '불닮다'라는 언해문에 비추어볼 때 여기서 '抓'는 현대 표준중국어의 '拔'에 대응하는 것으로 보인다. 현대 표준중국어에서 불을 피우는 것을 '拔火'라 한다.

50   주음과 언해문 풀이를 바탕으로 짐작해볼 때 이 글자는 현대 표준중국어의 '点'에 대응하는 것으로 추측된다.

51   한국어에서는 '만팔천'이라고 하지만 현대 표준중국어에서는 '일만팔천(一萬八千)'이라고 한다.

52   '拉'은 현대 표준중국어에서 운모가 /a/이며, 동시대 역음 자료에서 운모가 'ㅏ', 'ㅑ'로 기록되었다.

53   '撒'은 현대 표준중국어에서 운모가 /a/이며, 동시대 역음 자료에서 운모가 'ㅏ', 'ㅑ'로 기록되었다.

54   '考'는 현대 표준중국어에서 성모가 /kʻ/이며, 동시대 역음 자료에서 성모가 'ㅋ'으로 기록되었다.

55   현대 표준중국어에서 '소송을 걸다'는 '打官司'라 한다.

56   '사'의 오기인 듯하다.

57   원문의 '娣ㄷ'를 기준으로 하면 '여동생', '손아래 여자 동생'이라는 말인데, '져ㄷ'로 주음한 것으로 보아 현대 표준중국어의 '姐姐'에 대응하는 것으로 추측된다. 손윗누이를 가리키는 한자 '姊'와 자형이 유사한 '娣'와 혼동했을 가능성도 있다. 현대어 번역에서는 '姐姐'를 기준으로 번역한다.

58   '절름발이'의 방언(경북, 평안, 중국 요녕성)

59   현대 표준중국어의 '醒'에 대응하는 것으로 추측된다.

60 '澡'의 현대 표준중국어에서 성모가 /ts/이며, 동시대 역음 자료에서 성모가 'ㅈ', 'ㅉ', 'ㅆ'으로 기록되었다.

61 현대 표준중국어의 '躺'에 대응하는 것으로 추측된다.

62 현대 표준중국어의 '躺'에 대응하는 것으로 추측된다.

63 주음으로 보아 '羞'의 오기로 추측된다.

64 현대 표준중국어에서는 '보는 것을 좋아하다'의 의미로 쓰이나, 언해문과 한자 낱글자 뜻에 비추어 볼 때 '귀히 보다', '귀여워하다' 정도로 해석될 수 있다.

65 언해문에 비추어 볼 때, '說'의 발음을 적은 것으로 추측된다.

66 언해문에 비추어 볼 때, '說'의 발음을 적은 것으로 추측된다.

67 현대 표준중국어에서 別는 금지 명령을 나타내는 부정 부사이므로 언해의 '가만두다', 즉 '물건을 건드리지 않고 가만두다'라는 의미 외에 사람의 움직임을 금지하는 명령으로도 사용할 수 있다. 이에 따라 명령문 형식인 '건드리지 말아라', '움직이지 말아라'로도 옮겼다.

68 저자 개인의 추가적인 기록이다. 위 '留下' 단어와 연관 지어 봤을 때, '물건뿐 아니라 어떤 상태나 모양을 두다.'라는 의미를 더하고자 한 것으로 보이나 확실하지는 않다.

69 현대 표준중국어의 '燥'에 대응하는 것으로 추측된다.

70 발음과 언해문에 비추어 볼 때, 현대 표준중국어의 '進來'에 대응하는 것으로 추측된다.

71 한자와 언해문에 비추어 볼 때, 발음 '기'의 오기로 추측된다.

72 언해문을 그대로 해석하면 '몰래 얻어 놓은 가마니'로 특정 사물을 지칭하고 있으나, 현대 표준중국어에서 '悄悄地'는 부사로 '살그머니, 몰래, 가만히' 등의 행위 묘사 부사구 표현으로 쓰인다.

73   현대 표준중국어의 '勾'에 대응한다.

74   다른 어휘와 달리 한자를 제외한 발음과 언해문만 기록되어 있다. 발음
      과 언해문에 비추어 볼 때, 상응하는 한자는 '算了罷'로 추측된다.

75   현대 표준중국어의 '趣'에 대응한다.

76   '稍'는 대개 수량이나 시간의 적음을 의미하므로, 여기서는 한자나 언해
      문의 오기인 듯하다.

77   '糧'은 중국의 中古音에서 來母字로 정치음(正齒音)이나 치두음(齒頭音)으
      로 발음되는 것은 무리가 있다. '쟝'으로 적힌 발음과 언해문을 동시대
      다른 유해류 서적과 비교해 보았을 때, '붙이다'의 뜻을 가진 '貼' 혹은
      '粘'에 대응하는 것으로 추측된다.

78   현대 표준중국어의 '夠'에 대응한다.

79   발음과 언해문을 동시대 다른 유해류 서적과 비교해 보았을 때, 현대 표
      준중국어의 '巴不得'을 의미하거나, 이에 상응하는 표현인 듯 하다.

80   현대 표준중국어의 '熬'에 대응하는 것으로 추측된다.

81   현대 표준중국어의 '可不是麼'에 대응하는 것으로 추측된다.

82   현대 표준중국어의 '熬'에 대응하는 것으로 추측된다.

83   현대 표준중국어의 '懂'에 대응하는 것으로 추측된다.

84   위아래 표제항으로도 알 수 있다시피 이른바 정반의문문은 용언의 '긍정
      형식+부정 형식'의 순서로 사용된다. 따라서 뜻풀이에 따르면 '懂不得懂
      得'는 '懂得不懂得'가 되어야 한다.

참고문헌

단행본

康寔鎭, 『「老乞大」「朴通事」硏究』, 臺灣學生書局, 1985.

구현아·신수영·엄지, 『디지털로 되살린 근대 중국어의 세계: 조선 시대 중국어 유해류 역학서의 현대어 번역과 시맨틱 데이터 구축』, 역락, 2023.

김주필, 『구개음화의 통시성과 역동성』, 『국어학회』, 2015.

김철준, 『「華語類抄」의 어휘 연구』, 역락, 2004.

박재연·김아영, 『漢語會話書』, 학고방, 2009.

박재연·김아영, 『漢語會話書續編』, 학고방, 2011.

박찬식, 『유해류 역학서 연구 1』, 역락, 2008.

유창돈, 『李朝語辭典』, 연세대학교 출판부, 1990.

이기문, 『國語史槪說』, 태학사, 1998.

신용권, 『(「老乞大」와 「朴通事」 언해서의) 중국어음 연구』, 서울대학교 출판문화원, 2019.

전기정, 『華語類抄: 附 天字文, 百家姓』, 鮮文大學校 中韓飜譯文獻硏究所, 2004.

정　광, 『사역원 역학서 책판 연구』, 고려대학교 출판부, 1998.

한글학회, 『우리말큰사전』, 어문각, 1994.

洪允杓, 『漢語抄』, 홍문각, 1993.

王　力, 『漢語史稿』, 商務印書館, 2006.

錢曾怡, 『漢語官話方言硏究』, 齊魯書社, 2010.

鄒德文, 『淸代東北方言語音硏究』, 中國社會科學出版社, 2016.

논문

구현아·신수영·엄지, 「조선 후기 유해류 서적과의 비교를 통해 본 『漢談官話』 특징 연구」, 『중국학』 86집, 대한중국학회, 2024.

김아영, 「일제강점기 중국어회화서에 나타난 어휘 연구」, 『한국중어중문학회 학술대회 자료집』 제6집, 2014.

김　영, 「조선후기 중국어 어휘집 『華語』에 대하여－『漢談官話』와의 비교를 중심으로」,

『중국학논총』 47호, 한국중국문화학회, 2015.

서미령, 「華峰文庫『中華正音』 한국어 표기 고찰」, 『중국어문학논집』 제82집, 2013.

서미령, 「『화어(華語)』와 『한담관화(漢談官話)』의 역음 비교 연구－중국어 성모의 역음을 중심으로」, 『중국어문논총』 64호, 중국어문학회, 2018.

양초롱, 「조선후기 중국어 분류어휘집 『漢談官話』의 어휘 연구」, 이화여자대학교 석사학위논문, 2014.

연규동, 「近代國語 語彙集」, 서울대학교 박사학위논문, 1996.

연규동, 「근대국어의 낱말밭－유해류 역학서의 부류배열순서를 중심으로」, 『언어학』 28호, 사단법인 한국언어학회, 2001.

연규동, 「활자본 『華語類抄』의 서지학적 연구」, 『국어사연구』 20호, 국어사학회, 2015.

연규동, 「유해류 역학서의 종합적 검토」, 『국어사연구』 22호, 국어사학회, 2016.

유재원, 「『老乞大新釋諺解』의 중국어 성모 표음체계에 관한 고찰」, 『중국연구』 32호, 한국외국어대학교 외국학종합연구센터 중국연구소, 2003.

유재원, 「『漢談官話(漢談官話)』 중국어 성모 표음상의 특성에 관한 고찰」, 『중국학연구』 32호, 중국학연구회, 2005.

유재원, 「『華音撮要』 중국어성모 한글표음에 관한 고찰」, 『중국학연구』 제69집, 중국학연구회, 2014.

이은지, 「『華語類抄』의 中國語 音韻 體系 研究」, 이화여자대학교 석사학위논문, 2008.

이진호, 「중세국어 한자 학습서의 來母 初聲 표기 양상」, 『한국문화』 23호, 서울대학교 규장각한국학연구원, 1999.

조정아, 「국립중앙도서관 소장 필사본 『譯語類解』 연구」, 『어문론집』 81호, 중앙어문학회, 2020.

홍순혁, 「華語類抄 小考」, 『한글학회』 제11권 4호, 1946.

홍윤표·정광, 「사역원 한학서의 판본 연구(1)」, 『한국어학』 제14집, 한국어학회, 2001.

鄒德文, 金茗竹(2015), 「朝鮮四種文獻所見漢語聲母的淸代東北方音特徵」, 『北方論叢』 第2期, 哈爾濱師範大學, 2015.

기타자료

"규장각한국학연구원" https://kyu.snu.ac.kr/

"국립중앙도서관" https://www.nl.go.kr/

"네이버 국어사전" https://ko.dict.naver.com/

"네이버 한자사전" https://hanja.dict.naver.com/

"네이버 중국어사전" https://zh.dict.naver.com/

"위키백과" https://ko.wikipedia.org/

"윅셔너리" https://www.wiktionary.org/

"조선시대 외국어 학습서 DB" waks.aks.ac.kr/rsh/?rshID=AKS-2011-AAA-2101

"어듸메" https://akorn.bab2min.pe.kr/

"한국어 역사자료 말뭉치" https://kohico.kr/국어사

"한국고전종합DB 이체자정보" https://db.itkc.or.kr/dch/

"Baidu(百度)" https://www.baidu.com/

"Baidu Hanyu(百度漢語)" https://hanyu.baidu.com/

"重編國語辭典修訂本" https://dict.revised.moe.edu.tw/

"漢典" https://www.zdic.net/

"萌典" https://www.moedict.tw/

"臺灣敎育部 異體字字典" https://dict.variants.moe.edu.tw/

"小學堂" https://xiaoxue.iis.sinica.edu.tw/

"字海網" https://www.yedict.com/

"字統網" https://zi.tools/

"GITHUB" https://github.com/

저자 소개

구현아

중국어 역사음운론
용인대학교 용오름대학 조교수
復旦大學 中國語言文學系 박사
대표 저역서로『디지털로 되살린 근대 중국어의 세계』, 대표 논문으로「淸末 民初 北京官話 교재에 나타난 웨이드식 표기의 특징 연구」,「고서 한자 인식 OCR의 데이터 수집과 활용 방안 고찰」 등이 있다.

신수영

중국어 형태론, 의미론 전공
가천대학교 동양어문학과 부교수
復旦大學 中國語言文學系 박사
대표 저역서로『디지털로 되살린 근대 중국어의 세계』,『언어유형론』, 대표 논문으로「『譯語類解』 수록된 어업 관련 어휘의 특징에 대한 소고」,「형태소 빈도를 기반으로 한 초급중국어 교재 어휘 선정의 특성 분석 및 교육적 제안」 등이 있다.

엄지

중국어 음운론, 언어접촉
서울대학교 인문학연구원 책임연구원
北京大學 中國語言文學系 박사
대표 저역서로『디지털로 되살린 근대 중국어의 세계』, 대표 논문으로「중국어 데이터베이스 구축현황 분석과 프로그래밍 설계를 통한 데이터베이스 응용과 언어연구」,「동남아시아권 언어의 漢字 차용어 통합 DB 구축과 漢語 성조 수용 양상 연구」,「非自然語言接觸與聲調制約研究-以漢韓語言接觸爲例」 등이 있다.

디지털로 구축한 『한담관화』와 현대어 번역

초판 1쇄 인쇄 2025년 1월 17일
초판 1쇄 발행 2025년 2월 7일

지은이 구현아·신수영·엄지
펴낸이 이대현
편집 이태곤 권분옥 임애정 강윤경
디자인 안혜진 최선주 강보민 | 마케팅 박태훈
펴낸곳 도서출판 역락 | 등록 1999년 4월 19일 제303-2002-000014호
주소 서울시 서초구 동광로46길 6-6 문창빌딩 2층(우06589)
전화 02-3409-2060(편집부), 2058(영업부) | 팩스 02-3409-2059
전자우편 youkrack@hanmail.net | 홈페이지 www.youkrackbooks.com

ISBN 979-11-6742-843-1 93720